愛を見つめて

高め合い、乗り越える

ハビエル・ガラルダ
Javier Garralda

インターナショナル新書 110

目次

神はヨナにこう説明しているのだ――
愛の本質は、何かのために「働く」こと、「何かを育てる」ことにある。

エーリッヒ・フロム

はじめに

多くの人が想像していたよりも長く、深刻なコロナ禍は、人々の行動様式を大きく変容させました。それは、人と人との関係性をも大きく変えただけでなく、ときに無残に壊してしまっています。

私たちは「ディスタンス」を扱いあぐねています。マスクで表情を隠し、他者が立ち去ったあとの席を消毒し、人が集まる場所を避け、親密なやりとりには常に不安がつきまとう、そんな日常を当然のものとして受けとめるように誰もが無言で努力を重ねているのです。

いつの間にか愛を表現しないことにも、それがもたらす深い孤独にも、慣れてしまうのかもしれません。しかし、「わたしたちの心は、あなたのうちに安らうまでは安んじない」(聖アウグスティヌス『告白』服部英次郎 訳)ものです。ここでいわれている「あなた」とは神のことですが、神の子である家族や友人、隣人をも愛さない限り、真のやすらぎを得ることはできません。

私たちが初めて経験しているパンデミックという試練は、そこにディスタンスがあればこそ、能弁に愛というもののありようを教えてくれる、私はそう考えています。

愛にはいくつかの側面があります。自己愛、人間愛、友情、男女の愛、家族への愛……それらの愛を深めるコミュニケーション、赦し合い、信頼感、忍耐、喜びの分かち合いなどを、この本で考えてみたいと思います。

さらに、愛が引き出す向上心、向上心の原動力になる夢、夢を支える謙虚な自信、謙虚な自信をもたらす価値観についても、神への愛を軸にして考察してみます。

一言でいえば、「愛し合って高め合う」ということに尽きるのかもしれません。

しかし、向上心の絶えざる発現は簡単ではありません。

それは海底にある岩のようなものです。満潮であれば、船は岩に乗り上げることなく、愛情という海を向上心で進むことができます。しかし、愛の潮位が下がってしまえば、小舟である私たちはたちまち岩礁にさえぎられ、向上することができなくなってしまいます。

岩はいつでも海底にあります。つまり、私たちの愛はしばしば小さくなってしまうからこそ、向上心も立ち行かなくなってしまうのです。

愛の潮位を下げないためにどうすればいいのか。この本はその答えを示すことはできないまでも、読まれた方が自らの心から答えを引き出すためのささやかな刺激になればいい、そのような希望を込めて綴りました。

第一部　愛の対象

第一章　自己愛について

愛の対象

愛はその対象によって、その人の内側で湧き上がる感情を変えます。感情の変容は愛の表現をも変え、さらにはその愛に付けられた呼び名も変わります。

まずは「自己愛」について考えてみましょう。その愛の対象は、あなた自身です。

スペインの詩人アントニオ・マチャードは、「ぼくの肖像」という一篇の詩にこう書いています。

ぼくは　つねづね、ともに歩む人と語り合う。
――自らに向かい　独り語り続ける人は、いつの日か　神と言葉を交わすのを期する人――。
ぼくの独り言は　この良き友との語らいであり、

ぼくは彼から　広く人を愛する　奥義を得た。

（石田安弘　訳）

あなたの心の最も深いところにいる自己は、人生の旅路をあなたとともに歩き、人を愛するという神秘を理解させてくれる〈良き友〉です。〈良き友〉と対話をすることで、あなたの心を真に満たすであろう愛の対象を知ることができるのです。

しかし、自己は心の最深部だけにいるのではありません。心の浅瀬にはエゴイズムに塗られ、高慢さをたたえた自己が住み、身勝手な快楽や執着心にすぎない感情を、それらこそが真の愛だと錯覚させようとしています。

あなたが大切に思う相手と、諍いが生じたとします。心の浅瀬にいる自己とそのことを話し合おうものなら、あなたは自分自身ばかりを高潔な人間だと思い込み、相手の狡猾さをあげつらうことでしょう。

もしもこのとき、〈良き友〉と語り合っていれば、相手の視点からあなた自身の行いを見つめ直すことができたはずです。自分自身の欠点を自覚し、相手の美徳も不寛容もそのまま受け入れようとすることでしょう。

あなたの〈良き友〉は、あなたが愛すべき対象と、その愛し方を教えてくれる伴侶なのです。

充実した沈黙

人は一人で生まれ、一人で死んでいきます。人生の大半は、孤独の内側で押し黙っている時間です。

孤独は一種類ではありません。大勢のなかに一人でいることの孤独＝ロンリネスと、心の〈良き友〉と語り合い心が充実している孤独＝ソリチュードの二つがあり、これらは似て非なるものです。

混雑している電車内など、見ず知らずの群衆のなかに一人でいても、人は寂しさを感じることはありません。完全に一人でいるよりも、むしろ気楽に感じることもあるでしょう。

ところが家族や友人、同僚たちに囲まれていながらも、不意にその人たちが見ず知らずの群衆のように感じられるとき、あなたはロンリネスの内側に閉じ込められてしまっています。ロンリネスはあなたを周囲から隔てるだけでなく、しばしばあなたを〈良き友〉からも引き離します。

一方で、ソリチュードとは充実した沈黙です。ただ一人でいるだけではソリチュードではありません。慌ただしい日常のさなかであっても、喧騒に囲まれていても、精神を立ち止まらせて〈良き友〉と対話を重ねることで、周囲の雑音を限りなく小さくしている状態、それがソリチュードです。

〈良き友〉と話すことは、実は退屈で疲れる行為です。私は刑務所で受刑者と対話し改心に導く「教誨(きょうかい)」を行ってきました。死刑執行を待っていたある受刑者は、誰とも話せないので〈良き友〉と話すほかなく、自分とだけ対話を重ねる行為は疲れを伴うものだと言っていました。

しかし、毎日誰かと話し自分自身との対話を忘れがちなほとんどの人にとって、〈良き友〉との対話による沈黙は、心を休める体験となるでしょう。喜びや、生きる実感を与えてくれる時間になるはずです。神を信じる者にとって、この沈黙は神とのコミュニケーションです。〈我〉の沈黙の内側で、〈汝(なんじ)〉である神との対話を重ねる、つまりこれは祈りそのものです。たとえ神を信じていない人であっても、〈良き友〉と話すことで、充実した沈黙を得ることができるでしょう。

マチャードもまた無神論者でしたが、誰よりも神への憧れを強く持っていた人物でした。

先に紹介した詩には、こんな言葉もありました。

ぼくは　ただ黙し　声と谺（こだま）とを峻別し、
多くの声のなかから、ただひとつの声を求め、耳を澄ます。

自分の心の深いところから聞こえてくる「声」と、浅瀬から響く「こだま」は別のものです。充実した沈黙が「声」と「こだま」を聞き分けさせてくれるのです。それは、ふだんの日常生活よりもスピードを落として、精神が足音を立てないようにする必要があります。そのようにして、奥底から聞こえてくる「声」に耳を澄ますのです。神を信じない詩人が「神と言葉を交わすのを期する人」とまで語るほど、〈良き友〉との対話は神への渇望を感じさせていました。

充実した沈黙は自己愛を教え、人間愛と向上心の秘密を悟らせてくれるのです。ドストエフスキー『カラマーゾフの兄弟』のゾシマ長老の言葉です。

兄弟たちよ、人々の罪を恐れてはいけない。罪のある人間を愛しなさい。なぜならそれは神の愛の似姿であり、この地上における愛の究極だからだ。神が創られたすべてのものを愛しなさい。その全体も、一粒一粒の砂も。葉の一枚一枚、神の光の一筋一筋を愛しなさい。動物を愛しなさい。植物を愛しなさい。あらゆる物を愛しなさい。あらゆる物を愛すれば、それらの物のなかに、神の秘密を知ることができるだろう。

（亀山郁夫 訳）

ゾシマの言葉の意味は、インドのイエズス会司祭であるアントニー・デ・メロが『小鳥の歌』で紹介した挿話が明らかにしてくれます。

海岸から二マイルほど沖にある島にお寺が建っていて、そこには千個の鐘がありました。風が吹くと千個の鐘はシンフォニーを奏で、その美しい音は村の誇りでした。ところが何百年もたって島は海に沈み、お寺と鐘もともに沈みます。鐘の音は聞こえなくなりましたが、注意深く耳を傾ければ今でも鐘の音が聞こえる、そんな言い伝えが残りました。

この伝説に感動した一人の若者が遠い国から来て、島のあった場所の対岸に何週間も座り、一心に耳を傾けました。しかし彼の耳には波の音しか聞こえてきません。

落胆した青年は、海と空と風とココナツの木にさよならを言おうと、岸部に座りひたすらその場の美しさを味わうことにしました。すると、鐘の音をさえぎるものに思えていた波の音の、その美しさに心を奪われました。沈黙は深まり、ほとんど自分を意識しなくなったそのとき、心のなかから小さな鐘の音が聞こえました。次第にそれは、何千もの鐘が奏でるシンフォニーとなりました。

ゾシマは人間と自然を深く愛せよと言いました。それはつまり神の神秘を感じるということなのです。鐘の音を引き出すのは集中の力よりも、万物への愛の深さなのです。神は万物の最も深い場所におられます。神は人間の自由を尊重しつつ、まるで小さな磁石のように、微弱な力で人間を自らのほうへと引き寄せます。自分を深く愛し、自然と人間を深く愛する人間だけが、この微弱な磁力に引き寄せられるのです。精神の浅瀬で慌ただしくしているだけの人は、磁力の影響を受けないので、神を求める気持ちも湧き上がりません。

多くの人が神に無関心なのは、目に見える「ご利益（りやく）」がないからです。神への祈りが健康や財産、成功や出世といった現世的な利益をもたらすことはありません。

ただ、理由はそれだけではなく、多くの人が愛の深さから切り離されて生きているため、磁力を感得できないのです。その人たちにとって、神は存在しないに等しいのです。

沈黙から言葉を

私がある学生寮の舎監をしていたときの話です。男子寮の学生たちは、寮祭のテーマを「饒舌(じょうぜつ)より沈黙へ、沈黙から言葉を」としました。いくら話し合っても本当の友達になれないと感じていた彼らは、沈黙で自分自身と仲良く話し、その充実した沈黙から生まれる言葉を互いにぶつけ合ってみれば、友達になれるだろうと期待したのです。

いうまでもなく、普通の浅い会話は、人間にとってきわめて自然で、必要な行為です。しかし、饒舌なだけのコミュニケーションは、人を虚(むな)しくさせます。

ただし大事なことは、深いことについて話すのではなく、自分の深い部分から出てきた普通の言葉で話すことです。それこそがすなわち深い言葉なのです。

傘の骨は傘の中心に近いほど互いに近くなり、中心から遠いほど互いに遠ざかります。人間でいえば、中心にあるのは充実した沈黙です。何十年も連れ添った夫婦でも、充実した沈黙から遠ざかってしまえば、心もまた遠くにあるのでしょう。夫もしくは妻の墓に向かって、長時間、静かに語りかけている人は、沈黙から出た言葉をそっと投げかけているのでしょう。

現代人は常に、沈黙から逃れる誘惑にさいなまれています。テレビ、インターネット、スマートフォン……それらの発達は、文明に大きな貢献を果たしています。それなくして、人類がどうやってコロナ禍に立ち向かうことができたでしょうか。

しかし文明の利器は同時に、充実した沈黙のテリトリーを侵食します。速いインフォメーションによる浅いコミュニケーションにどんどん慣れていく私たちは、その代償に沈黙の内側で考える時間を差し出してしまっています。

そのとき、人生は行動の繰り返しにすぎないものになります。自分が生きているという実感を失い、繰り返しに支配された存在になってしまうのです。

充実した沈黙を知らない人にとっては、一人でいることは独房に入っているようなものでしょう。退屈と恐怖に満ちた独房からの逃亡を、確かに文明の利器は手伝ってくれますが、一人でいることを受難とする思い込みにはとらわれたままです。

愛し合っている二人であっても、ときには充実した沈黙が必要です。一人でいることの喜びは奪われずに、一緒にいる喜びを感じることができるでしょう。

また、現代人は何かと心の平安や、生きがいを求めます。忙しさにかまけ、ストレスを放置していれば、毎日は虚しく過ぎていきます。より心の深い部分に近づく探求は望ましい行いですし、平安と生きがいを感じさせる手段はさまざまです。ただ多くの場合、その探求は自己中心的な〈憧れ〉を満たすものにしかなりません。イエスは、他者中心の〈憧れ〉を勧めます。

疲れた者、重荷を負う者は、だれでもわたしのもとに来なさい。休ませてあげよう。わたしは柔和で謙遜な者だから、わたしの軛（くびき）を負い、わたしに学びなさい。そうすれば、あなたがたは安らぎを得られる。

（マタイによる福音書11：28〜29）

「くびき」は、この文脈では「先生の教え」を意味する言葉です。イエスの「くびき」は、「互いに愛し合いなさい」（ヨハネによる福音書15：17）という教えです。大切にし合うことで、心は休まるのです。悩む人が一人でも多く癒やされるように協力しなさい、という教えです。

他者中心の愛を実践することこそ、心を休ませます。愛こそが生きがいや、心の平安をもたらすのです。

良心に忠実な自己愛

最高の自己愛とは、自分の「良心」に従うことです。良心は心の最も深いところから出てきて、自分自身が愛したいと思う自己を形作ります。

しかし世の中には、良心は自然に湧いてくるものではなく、社会からの影響でつくられるものにすぎないと考える人もいます。この人たちにとって、良心は雪玉のようなものです。誰かが雪を集めて玉にすれば、手の形がその雪玉に残りますが、別の人がその雪玉を握り直せば、今度はその人の手の形が残ります。つまり、雪玉はもともとの形をもたず、外部からの力で形作られるという立場です。社会の求める形になっていればそれが良心であり、その形に収まらないものは悪い心である、というわけです。

社会の求める形に収まらなかった人が抱くのは、罪の感情ではなく、恥の感情です。周囲から非難されたがためにまずいと思うのであって、みなと違うふるまいをしていたことを恥じるのです。

では、良心が心の奥底から湧いてくると考える人にとって、良心とはどのようなものなのでしょうか。ゴムボールや軟式テニスボールを想像してみてください。軟らかいボールを強く握れば手がその表面の形を変化させますが、手を開けばもとの球に戻ります。それはボールの内側に、もとに戻るための力があるからです。誰もが生まれつき持っている「愛したい」という良い心は、このようにもともとのかたちを持ち、歪(ゆが)んでももともとに戻ります。私の考えは後者です。

良心は、調和と不調和を感じさせます。行いが愛にふさわしいとき、良心は人に調和を感じさせ、ふさわしくないときに不調和を抱かせるのです。

ラケットの中心に当たったボールは、きれいな音を立てて美しく飛んでいきます。その感触は打った人に落ち着きを与え、相手からの返球を待つ総明さをもたらします。同じように、行いが愛の中心に近ければ近いほど、心は落ち着き、人は聡明になります。行いが愛の中心から外れるほど、良心は不調和を感じさせ、この働きが人を具体的な愛に導くのです。

良心の声はとても小さく、少しのざわめきでもおしつぶされるほどの、かすかな囁(ささや)きです。その声を聞き分けるのは簡単ではありません。本来は不調和を感じるはずなのに、囁きの聞き間違いから、もしくは自分をごまかして調和を感じることもできます。うまく嘘をついた人、上手に浮気している人、賢く汚職した人などは偽りの調和に満たされていま す。それは心が望み、心を満たす喜びではありません。しかしそれを見分けるのは難しく、 ごまかしによって調和した偽りの良心は方向音痴となり、人を愛に導かないばかりか、間 違った方向にさえ誘うようになるのです。

良心という軟らかい球の形を変えようと、圧力を加えるものはたくさんあります。遺伝子や性格、体質などは強い圧力といえます。

また環境や家庭、教育、友達や隣人たち、風土、風潮、流行、マスコミ……といったものも良心に深い影響を及ぼします。

自分が選んだ生き方によって身についた習慣も、強い力を及ぼします。私が知る一組の兄弟は、兄が規律正しく働く習慣を身につけて立派な仕事をしているのに、同じ家庭で育てられた弟は酒や女、麻薬などに溺れる周囲の雰囲気に同化して、各地の刑務所を転々とすることになりました。

良心を惑わせる「こだま」

人を偽りの良心へと導くのは、外からかかる力だけではありません。心の浅瀬から響く

「こだま」は、良心が発する「声」と混ざり判別がしにくいために、良心に従っているつもりがいつの間にか違う方向へと歩きだしてしまうのです。「こだま」を生むものをいくつか並べてみましょう。

・気持ち

何かしらの行動のあとに残る気持ちは、良心が導く行動を間違いだったと後悔させたり、心地よいだけで中身のない行動を良心の導きによるものであると満足させたりします。

たとえば、同僚の一人が仕事上で小さな不正をしていたとします。周りの同僚も、みなそれに気づいているものの、誰も正面から注意できず、本人がいないところで悪し様に言っている。このような場面はとてもありふれたものです。

見かねたあなたは、その人を飲み屋に誘い、「そんなことはすべきではない」と正面から意見します。別れ際に耳の痛い話をしたことを詫びると、相手は「いいよ、お前が友達だとわかっているよ」とは答えるものの、その表情は今にも泣き崩れてしまいそうなものでした。

このとき、あなたの気持ちは自らの行動が引き起こした彼の悲しみに、苦しくなっています。しかし良心は、本当にすべきことをしたのだと、満ち足りています。つまり、良心は調和し、気持ちは不調和に陥っているのです。

・感情

私たちには「本音」という感情を、人にも自分自身にも上手に隠しながら生きています。たとえばテニスクラブの男子部員が、みなと違う練習を勝手にやるようになり、クラブの輪を乱しているとしましょう。ある男子部員は、その部員の退部を主張します。彼は自分の良心に従って正当な主張をしていると思い込んでいます。

しかし実際は、自分勝手なプレーをしている部員が自分よりもテニスがうまく、ほかの部員からも人気があり、好きな女子部員までも彼に惹かれていることを知っていて、彼を退部させようとしていました。本人は良心に従っているつもりでも、嫉妬という感情がそれを良心だと錯覚させてしまっているのです。

・わがまま

人間は、自分に都合のよい意見だけを集めて、都合の悪い意見を無視すれば、何もかもうまく正当化することができます。その結果が「わがまま」として表現されることがありますが、本人は良心に従って行動していると思い込んでいることがあります。

毎晩のように深酒をしてしまう主婦がいたとします。悪いことをしていることはわかっていて、やめたいと思っているけれど、やめるための手段を取ることができません。やめるべきとわかっていてもやめられないという状態は、矛盾そのものです。人は矛盾に長く耐えることができません。それをやめるのか、それともその行動を正当化するのか、矛盾を解消するのはその二つの方法しかありません。

私が深酒をするのは夫の帰りが遅いからだ。子どもたちが言うことを聞かないから、やりきれない思いを酒以外に収める方法がないからだ。こうして、家庭を壊しかねない行動が正当化されますが、これはわがまま以外の何物でもありません。結局のところは自己の良心を騙(だま)しているにすぎないのです。

良心の咎(とが)めを感じないようにしていると、悪い行いでもどんどん正当化できるようになります。

・慣れ

間違っていると思う行いでも、何回も繰り返すうちに習慣になり、悪いことだと思わなくなります。車が通っていない交差点で、初めて信号無視をするときは、誰でも良心の咎めを感じるでしょう。しかし、これを繰り返していれば、車が往来するなかでも堂々と渡るようになります。

・人の目

人の目が認めてくれる行いは良いことで、認めてくれない行いは悪いことだという価値観は虚しいものです。それは自分自身を「人の目」に依存させて、個性を弱めているにすぎません。みながそうするからといって、私もそうしてよいとは限らないのです。群れに身を委ねるのではなく、自分の行き先は自分で決めねばなりません。

ミヒャエル・エンデ『モモ』に出てくる「灰色の男たち」は、「時間を貯蓄すれば命が倍になる」と偽って、人々から時間を奪い去ります。時間を盗まれた人々は、自分の人生を自分で決めて、時間を貯蓄することで人生をコントロールしているかのような錯覚に陥りますが、自分自身のエゴと高慢の化身である灰色の男たちに、誘惑されているだけなのです。

灰色の男たちは、人々に偽りの決断を促し、決断するやいなや存在を消します。彼らは初めから存在していたのか、存在していなかったのかもはっきりとしません。実に鋭い視点を秘めた寓話です。

・結果論

「終わりよければすべてよし」という考え方も、簡単に良心を欺きます。

人を出し抜いて自分が利益を得たとします。その方法は、ばれなかったとしても、良心はその行動を認めません。また、けんかも戦争も、「勝ち」それ自体は何も正当化しません。行動の結果が出ることは重要ですが、良心は結果が出る前に、すでにその行動の善悪を判断します。

チェコの作家ボフミル・フラバルは、『厳重に監視された列車』という小説で、第二次世界大戦が残酷で、愚かで、無駄だったことを冷徹に描きました。小説の終わりに、駅の操車係として働くチェコ人青年のミロシュは、パルチザンの女性の願いを聞き入れ、駅を通過するナチスの列車を爆破しようと試みます。それに気づいたナチスの狙撃兵に撃たれますが、列車の爆破には成功し、狙撃兵もろとも爆破に巻き込まれます。

狙撃兵は「母ちゃん、母ちゃん、母ちゃん！」とわが子たちの母、つまり妻の呼び名を叫びながら死に、ミロシュは遠のく意識のなかで自分の母親の悲しみを想像します。

ミロシュは狙撃兵の死に顔を見ながら「もしどこか民間生活の中で逢ったなら、きっと互いに好きになり、いろいろと話し合えたかも知れないのに。」（飯島周 訳）と思いを巡らせます。そして、爆破される列車に乗せられた重傷のドイツ兵たちを見ながら誰かが言っていた「あんたらは自分の家にじっと尻を据えてなきゃいけなかったのに」という言葉を呟いて、死んでいきます。たとえ二人のどちらかが生き残っていたとしても、「じっと尻を据えてなきゃいけなかった」ことに変わりはありません。

「声」と「こだま」の識別

「声」と「こだま」の聞き分けは容易ではなく、自信過剰な人ほど聞き間違いに気づきません。謙虚になり、立ち止まることが必要です。

人生の道を早足で歩くのをやめて、生きるスピードを落とし、足音を立てないようにしてみましょう。充実した沈黙のなかで、〈良き友〉の声に耳を傾ければ、良心の小さな囁きが聞こえてくるはずです。

その囁きが、喜びと感謝のなかで聞こえるのなら、それはきっと良心の声に間違いありません。

ただし、その喜びと感謝が、はたして純粋なものであるかどうかを確かめる必要があります。人間は、人を出し抜いてうまくいった商売の成果に感謝の念を抱くことも、ばれなかった賄賂で喜ぶこともできます。しかし喜びと感謝が、心の深いところから湧き出たものであるかどうかを、確認してみることが必要です。

・ためらわず「声」に従う

ふだんからためらわず良心の声に従っていれば、その声にだんだんとなじんで、自ずと強く聞こえるようになります。聞こえてくる声が本当の声かどうかがまだわからないうちに、それに従うことは不安がつきまといます。

高齢に見える人に席を譲るべきかどうか、悩むことはよくあります。「そんな年ではない」と逆に相手を傷つけてしまうかもしれないからです。でも百歳ぐらいのおじいさんであれば、「譲りなさい」という心の声にためらうことはないはずです。

ためらわない習慣を身につければ、心の耳が良心の声に慣れて、その後もずっと、なじんだ声がより強く聞こえてくるでしょう。

・生きる余裕

努力しても聞こえ方が変わらないときには、"Slow and flow"を心がけましょう。生きる速度を緩め、流れるように生きれば、余裕が生まれて、良心の囁きがよりはっきりと聞こえるでしょう。

・大きな価値

あわてることはありません。「何とかなるだろう」という余裕があれば、自分自身の心からの声も、相手の心からの声も、よりはっきりと聞こえてくるでしょう。

生きる余裕のある人は、小さなことでは興奮しません。小さなことは、あくまでも小さなことなのです。

とはいえ、小さなことと大きなこととの間に、明確な線があるわけではありません。有名な文学者が使っていた定価二〇円の鉛筆が、作家の死後に何百万円で売れることもあれば、著名でない人の遺品の杖に値段はつかなくても、その人の子にとってはかけがえのない宝物であることもあります。物事の主観的な価値は、個人にしか決められません。

ただし、個人の主観を超えた客観的な基準も存在します。お金や名誉は、結局のところ小さい価値にすぎませんが、心を裏切ることは常に大きな損失でしかありません。

もちろん、お金と名誉を失うことは、現実には重大な問題です。しかし自分の力と情熱を信じ、家族とよい友達を信じ、包んでくださる神の身近な温かさを信じるのなら、自分で何とかすれば物事はきっと「何とかなる」のです。

・柔軟さ

心の望みを知るためには、柔軟さが必要です。ただし、柔軟さと妥協との境界は不鮮明です。

まっすぐで硬い枝は、雪の重みでポキンと折れてしまいます。しかし、しなやかな枝は自身を曲げて雪を落とし、もとの形に戻ります。いったんは雪に負ける柔軟さが、枝自身を守っているのです。

しかしこれは、容易に妥協にもつながります。妥協してしまえば、その枝はもとの形には戻りません。妥協しやすい人は、ときに妥協を柔軟性と強弁しますが、虚しい弁明というほかありません。

マックス・ヴェーバーと並ぶ社会学の創始者といわれるエミール・デュルケームは『自殺論』で、不況よりも好景気のなかで自殺率が高まる理由を、一九世紀フランスの統計をもとに推察し、「アノミー的自殺」と名付けました。産業社会の発達により自らの欲望に歯止めがかからなくなり、富や地位、快楽を求めて暴走する人たちが、健康でありながら自殺しているとデュルケームは指摘しています。深刻になる前に昼寝でもしておけば、かなりの人は助かっていたのかもしれません。

スペインにも「この問題については枕と相談しましょう」という言葉があります。実際に、寝ている間に問題解決のヒントを得ることもあります。ひらめきを得られなかったとしても、休息でリフレッシュされた心身には、大変な問題と取り組むエネルギーが戻ってきています。

ただ、寝床にはややこしい問題を持ち込まずに、ぼんやりと平静な心で入ることをおすすめします。知恵が欲しければ、ひねり出そうとせずに祈り、ぼんやりと待つことです。寝床で最も大事なことは、休息です。

聖書がもたらす「知恵」は、休息に似ています。聖書は問題の解決策を与えてくれるのではなく、問題と自分との関係を悟らせ、解決策を見出すように読む者を導いてくれるだけです。解決策のない問題には、問題を抱えつつも自分らしく生きる余裕を生み出してくれます。そのような知恵を願いながら、ゆっくりと寝ることが大事です。

川の流れに逆らう力がなければ、流れの力を受けて斜めに泳ぎ、少しずつ川岸に近寄ってみることです。

ところで、良心はなぜ人を愛したいと欲するのでしょうか。家族への愛、友情、恋愛といった愛情は、その対象の魅力に惹きつけられて起こります。しかし、その関係において損をする、あるいは、感謝されないどころか誤解すらされかねないとわかっていても、その魅力に惹きつけられてしまうのは、なぜでしょうか。

この疑問について、ジグムント・フロイトは簡潔に「わからない」と答えました。アウグスティヌスは、信仰する立場からこのように答えました。

あなたは、わたしたちをあなたに向けて造られ、わたしたちの心は、あなたのうちに安らうまでは安んじないからである。

（聖アウグスティヌス『告白』服部英次郎 訳）

アウグスティヌスの言葉を、証明することはできません。しかし、納得できる言葉です。人はみな、愛である神から生まれて、愛である神へと帰る途中の存在なのだとすれば。人間の心は愛になじんでいます。誰かの愛の行いは、他人を自然と感動させます。亡くなった夫の墓に静かに語りかける人を見て、あるいは小説や映画といったフィクションの一場面であっても、そこに純粋な愛情があると感じられれば、人は自然と涙を落とすのです。

偽の自己愛＝ナルシシズム

真の自己愛は、利己心ではなく本当の愛です。

しかしナルシシズムは、自己愛とは程遠い利己心です。

自己愛は、自分の最も大事な部分である心を大切にします。病気の妻を介護するために、自らの出世をあきらめる夫は、他人からは自己愛が弱いと思われても、その内面は自己愛に満ちています。その生き方は、結果的に自分の心を大事にするのです。人を大切にしながら、自分の心を大切にするのです。

それとは反対に、ナルシストは自分を非常に大事にします。それは自己愛よりも、心を汚すエゴイズムにすぎないのです。

ギリシャ神話のナルキッソスは、水面に映った美青年に心を奪われます。言うまでもなく、それはナルキッソス本人でした。池から離れることができなくなったナルキッソスは、やせ細り、やがて池に沈みます。永久に自分を見つめるという罰を受けた青年がいた場所には、水仙（Narcissus）が咲いていました。

ナルキッソスの寓話から、フロイトは「ナルシシズム」という言葉を作りました。他者を否定し常に自分を高く見る傾向のある人は、「ナルシスト」と呼ばれています。

この厳しい世界で成功するためには、ある程度のナルシシズムが必要です。限度を超えて自らを愛する人は、悪い意味でのナルシストになるわけです。

誰にでも体温があり、生きるためには一定の熱が必要です。しかし「熱がある」というとき、その体温は平熱を大きく超えています。自己愛が平熱を超えた人が「ナルシスト」ということもできるのかもしれません。

自己愛と混同されやすいナルシシズムの、いくつかの初期症状を見ていきましょう。

ナルシストの特徴

・上下関係

自分よりも下の立場に立って褒めてくれる人に対して、ナルシストは非常に柔和な態度を取りますが、対等もしくは上からものを言ってくる相手には、容赦なく厳しい態度を取りがちです。

ナルシストは人の不幸に同情をすることはできますが、人の成功を喜ぶことはできません。それどころか妬み、陰口を言ってその人の足を引っ張ろうとすることさえあります。人が褒められているのに耐えられず、速やかに話題を変えようとします。

・自己中心

ナルシストが求めるのは、人が助かることよりも、自分が人を助けることです。自分が目立って、褒められて、感謝してもらうことを「得」だと考えるのです。

ナルシストはまた、その人が自分を尊敬しているかどうかで、その人の評価を下します。「〜に褒められた」「〜にすごいと言われた」という話をしたがるのは、それが評価基準になっているからです。

・所有欲

ナルシストは、自分の味方だと思う人の面倒はよく見ますが、ひとたび自分から離れた人とは縁を切り、心のなかでその人の失敗を望みます。

つまり、友達を大切にするのではなく、「自分のもの」を、自分のものである限りにおいて大切にするのです。

ナルシストは誰かを好きになることよりも、誰かに好かれることを好みます。そればかりか、あまり好きではない人さえ自分を好きになるように、さりげなく仕向けるのです。見栄を張り、自分の栄光を讃えてもらうために、人の心を使います。自分を好きになった人よりも、自分自身の吸引力を大事にします。相手はほとんど自分を満たす手段にしかすぎません。

・目立ちたがり屋

ナルシストが目立ちたがり屋なのは、目立たないでいられる余裕がないからです。自分自身が話題になったり、自分が出した話題が中心になっている間は生き生きとしていますが、自分が話の中心でなくなったらつまらなそうにしています。人がどれだけ面白い話をしていても聞かずに、時計を眺めているか、もう一度話の中心になろうと次の話題の準備をしています。盛り上がっている話をさえぎってまで、誰も笑わない冗談を言ったりもします。

座の中心にいないと、まるで自らの存在意義を失ったかのように静かになるのがナルシストですが、その人がいなければその存在感は消失します。自分が目立つことにこだわらない人は、確かに座のなかでは目立ちませんが、いなくなると誰もが何となく寂しさを感じます。

目立ちたがり屋は、真の意味で目立つ勇気を持っていません。失敗することを過剰に怖がるからです。自分では何もせずにじっとして、目立つ行動を取る人をさんざんに批判します。じっとしているのは謙虚さからではなく、臆病だからです。

若い人は失敗を恐れるべきではありません。精神の骨や筋肉、関節が柔軟なうちであれば、転んでも大けがをすることはありませんし、正しい転び方も学べます。神の前では、誰もが若い人です。

・偽りのリーダーシップ

リーダーシップの本質は、そのリーダーが身を退いてから露わになります。ナルシストのリーダーは吸引力があるので、自分がトップにいる間は組織をよくまとめますが、いったん身を退くと後続に何も残さず、協力もしません。次のリーダーは苦しみ、組織は散らばっていくことになります。

結局のところ、ナルシストのリーダーは、組織を愛していたのではなく、自分を愛するために組織を利用していたのです。

それどころか、自分がいなくなった組織が壊れていくことを望むことすらあります。そのことが、自分のリーダーシップの優位性を証明してくれると考えるからです。自分がいなくなった組織の悪評や、新リーダーの悪口を聞けば表面上は諌めますが、その顔はいかにもうれしそうです。

さらには、身を退いてから「黒幕」になる人もいます。幹部クラスに働きかけて、リーダーが自分の操り人形にならない限り、組織が破綻(はたん)するように仕向けるのです。

良きリーダーは、ルールや体制などの基盤をしっかり整えてから、自らが信じる新しいリーダーにすべてを委ねます。組織の人とも気軽に会い、求められれば助言はするものの、求められない限り楽しく気楽に会話を楽しむだけです。

このようなリーダーは、トップにいるときでも誰とでも分け隔てなく付き合い、その人の自発心を信じ、希望を抱かせ、ときには正面から苦言を呈し、縁の下の力持ちになっていたに違いありません。その人が去ったあとに、きっと誰もがリーダーシップの何たるかに気づくことでしょう。

自らのナルシシズムを克服しようと、自省ばかり繰り返すのはむしろ危険です。自分を見つめていることに変わりはないからです。むしろ、ナルキッソスができなかったことをすればいいのです。自分しかいない池のほとりから離れ、他人に美点を探すのです。ナルシシズムのペースに巻き込まれないことが重要です。

誰かに感謝することも、ナルシシズムの対極にある行いです。

相手の側から物事を見る習慣も、ナルキッソスが持ち得なかったものです。

また、いたずらに内省するのではなく、ここでも〈最良の友人〉の声に耳を傾けることも大事です。ナルシストは他人の評価を気にするので、他人を合わせ鏡にして自らの姿ばかりを見がちです。誰が何と言っても〈最良の友人〉に誠実であるという生き方は、正しく自己愛に満ちたものです。

ただし、ナルシストであってもすばらしい人はたくさんいます。際立つ才能があり、自己満足のためだけではなく仲間のために楽しい雰囲気をつくるために、目立つことを欲する人は得難い存在です。困っている人々を助けるために偉くなりたいと考えるナルシストは、尊敬すべき人です。

感謝の心を持ち、人を大切にする。人の立場からも物事を見て、かつ心に忠実であるナルシストは、みなに好かれる立派な人格者になることができます。

第二章　人を大切にする

隣人とは

隣人愛、アガペー（無償の愛）、人間愛……特定の誰かを対象にせず、見返りも求めない愛を表す言葉はたくさんありますが、わかりやすい言葉にするなら「人を大切にする」という表現で、そのすべてを意味させることができます。

隣人とは、特定の誰かではなく、ごく浅くとも何かしらの縁があって、広い意味で自分を必要としている人を指します。

ジャッキー・デシャノンが一九六五年に歌ってヒットした「世界は愛を求めている（What the World Needs Now Is Love）」は、バート・バカラックが作曲、ハル・デヴィッドが作詞したナンバーですが、もともとディオンヌ・ワーウィックのために書かれた曲だったとバカラックは明かしています。ディオンヌは歌詞を説教くさく感じたのではないか、とバカラックは振り返っていますが、一九六八年にロバート・ケネディがロサンゼルスで狙撃された際、ロサンゼルス市のラジオ局が夜を徹してこの曲をかけつづけたことでも知られています。

What the world needs now is love, sweet love...
No, not just for some but for everyone
いま世界が求めているのは愛、甘く優しい愛……
ただ誰かのためだけじゃなく　みんなのための

みんなのための愛、これこそがアガペーです。アメリカ人にとっての大きな希望が消えたとき、人々を慰め、静かに連帯させたのは、自分のためでも特定の誰かのためでもないアガペーを讃えた歌だったのです。

アガペーの対極は、自分だけがよければいいという思考です。ある有名なサッカー選手が脱税のために逮捕されそうになり、莫大な保釈金で入獄を免れたことがありました。その顚末(てんまつ)を見た囚人は「彼は刑務所に入らない。私は貧乏だから入れられるんだ」とこぼしました。払うべき税金を自らの懐に入れることも、その罪を貯(た)め込んだ財産で逃れることも、アガペーとは対極の行動であり、世界はそれを求めてはいません。

隣人とは、文字通りに隣にいる人を指すという人もいるでしょう。家族や親族、あるいは自分の好みの者、自分に利益をもたらすものだけが隣人なのである、と。この考え方は、隣人という輪の外にいる人を必ずつくります。誰からも輪に入れてもらえない人が困窮しているのが、今の社会です。誰もが隣人の輪を広げなくてはなりません。

聖書に詳しくない人でも、ルカによる福音書10章にある「善いサマリア人のたとえ」はご存知ではないでしょうか。


するると、ある律法の専門家が立ち上がり、イエスを試そうとして言った。「先生、何をしたら、永遠の命を受け継ぐことができるでしょうか。」イエスが、「律法には何と書いてあるか。あなたはそれをどう読んでいるか」と言われると、彼は答えた。「『心を尽くし、精神を尽くし、力を尽くし、思いを尽くして、あなたの神である主を愛しなさい、また、隣人を自分のように愛しなさい』とあります。」イエスは言われた。「正しい答えだ。それを実行しなさい。そうすれば命が得られる。」しかし、彼は自分を正当化しようとして、「では、わたしの隣人とはだれですか」と言った。イエスはお答えになった。「ある人がエルサレムからエリコへ下って行く途中、追いはぎに襲われた。追いはぎはその人の服をはぎ取り、殴りつけ、半殺しにしたまま立ち去った。ある祭司がたまたまその道を下って来たが、その人を見ると、道の向こう側を通って行った。同じように、レビ人もその場所にやって来たが、その人を見ると、道の向こう側を通って行った。ところが、旅をしていたあるサマリア人は、そばに来ると、その人を見て憐れに思い、近寄って傷に油とぶどう酒を注ぎ、包帯をして、自分のろばに乗せ、宿屋に連れて行って介抱した。そして、翌日になると、デナリオン銀貨二枚を取り出し、宿屋の主人に渡して言った。『この人を介抱してください。費用がもっとかかったら、帰りがけに払います。』さて、あなたはこの三人の中で、だれが追いはぎに襲われた人の隣人になったと思うか。」律法の専門家は言った。「その人を助けた人です。」そこで、イエスは言われた。「行って、あなたも同じようにしなさい。」

（ルカによる福音書10：25～37）

サマリア人が宿屋で差し出したデナリオン銀貨二枚は、労働者の日給二日分だったそうです。

この話では、追いはぎに襲われ道に倒れていた人が隣人です。つまり、かすかなものであっても「私」と縁があり、「私」を必要としている人です。たまたまそばを通ったサマリア人は、倒れている見ず知らずの人を隣人と見なしたのです。

電車で自分の近くに立っている高齢者は、家族でも、好きな人でも、利益をもたらす人でもありません。しかし、その人こそが隣人です。その人に席を譲ることが、隣人愛というアガペーなのです。

サマリア人は「追いはぎに襲われた人の隣人」になりました。助ける人も助けられる人も、互いに隣人です。愛によって、みなが互いに友達となるわけです。席を譲る人も譲ってもらった人も、ごくささやかな縁で結ばれた友達同士です。どちらかが先に電車を降りるときのちょっとしたお辞儀や微笑みは、二人の縁の確認になり、小さな友情のしるしとなる。この雰囲気こそが、社会の本来の姿ではないでしょうか。

山を歩くとき、誰もがすれ違った人と挨拶を交わします。町では挨拶しなくても、譲り合いや助け合いの姿勢があれば、みなが友達になれるはずです。

悩みのある人を「癒やしてあげる」という同情には、上下関係が生まれます。互いに癒やし合うと考えるべきで、癒やす側の人は、弱い立場の相手から宝物を受け取るからです。困っている人の肩を軽くたたくと同時に、対等に肩をたたき合う雰囲気こそ、尊敬に満ちた愛の形だといえるでしょう。

隣人愛は、すなわち人間愛です。サマリア人のようにはとてもふるまえないと、弱気になるのは当然のことです。理想は遠くとも、目の前の小さな課題を乗り越えていくことで、いつしか理想に近づきます。ホロヴィッツのピアノ演奏を聴いて、自分もこのように弾けると考える人は稀でしょうが、その演奏に高い技術や音楽性、理想が詰まっていることは、誰にでもわかります。それでいいのです。

隣人愛とディスタンス

しかしながら、コロナ禍は隣人愛に基づいた行動をも規制します。感染者数が減少すれば、できなかったことが少しずつできるようになったりもしますが、たとえば私がずっと続けてきた刑務所でのミサも、いまだに再開できません。オンラインで行われていた礼拝も、人数を制限しながら少しずつ以前の形式に近づきつつありますが、オンラインに慣れてしまって教会に来なくなった方もいます。教会での食事会やクリスマスパーティーなどが、どれだけ信者同士の連帯を強めていたのかを、実感させられる日々です。
困っている方々への炊き出しといった活動も、感染拡大期は難しいものになりました。今はお弁当を持っていっていただくというかたちで行っていますが、やはり「同じ釜の飯」を集まって食べるという経験が、どれほど多くの人の心を支えていたのかと痛ましい気持ちになります。

カトリックには「病者の塗油（とゆ）」と呼ばれる秘蹟（ひせき）があります。イエスが病者を癒やしたように、教会では長老たちが病者にオリーブ油を塗り罪の赦しを祈った儀式は、今では臨終の信者への儀式となっています。この重要な秘蹟の前にも、未知の感染症が立ちはだかっているのです。

カトリック信者でなくても、往来で苦しそうにしている人に手を差し伸べるべきかどうか、迷ってしまう人は少なくないでしょう。サマリア人のようにとまではいかないまでも、誰かを助けたいという自然な感情を、行動に移すことが難しくなっています。自分一人が感染するのなら受け入れることができても、病気の家族や老いた親がいれば、自分の善意がどのような不幸を生んでしまうのか、誰にもわかりません。

しかし、イエスはこう言っています。

わたしがあなたがたを愛したように、互いに愛し合いなさい。これがわたしの掟(おきて)である。友のために自分の命を捨てること、これ以上に大きな愛はない。わたしの命じることを行うならば、あなたがたはわたしの友である。

（ヨハネによる福音書15：12〜14）

起こるかどうかわからない不幸のために、目の前の不幸を見捨てることは、人間愛に基づく行いとはいえません。「友のために命を捨てる」という言葉は、無鉄砲を称揚しているわけではありません。できる限りの努力をして隣人を救い、お互いの無事を祈ることこそが、真の人間愛による行いなのです。

人と人を分かつディスタンスは、物理的な距離ではありません。遠くにいても、その人の幸福を強く望み祈れば、ディスタンスは限りなく短かくなります。目の前にいても、その人の幸福のために祈り、その人に降りかかる不幸に手をこまねいているのであれば、そこには無限の隔たりがあるのです。

人間愛の特徴

人間愛とはどのようなものか。その特徴を見ていきましょう。

・実践

善きサマリア人がどんな気持ちで人を助けたのか、聖書には何も書いてありません。彼が助けたという事実だけが示されています。

理屈っぽい私たちには、サマリア人の行動は少しばかり不可解に感じられます。私たちは困っているように見える人がいても、「お節介かな」「ただの自己満足かな」と考え、行動が引き起こす変化の裏の裏まで考えたあげく、何もしないで「向こう側」を通っていきがちです。追いはぎに襲われた人は、横たわったままでそこに残されます。

愛は、きれいな言葉を並べたり、虚しい同情を感じたりすることではありません。愛とは、行いです。イエスは、「行って同じように考えなさい」ではなく、「行って同じようにしなさい」と言われたのです。

なすべき善を行わないのは、悪を行うことになります。過ぎ去った祭司とレビ人を、法律で裁くことはできません。しかし、人間愛としてなすべき善を行わないという悪を行ったわけです。

・普遍

道に倒れたけが人が自分の息子だったならば、レビ人も特別な愛情を込めて息子を助けたことでしょう。しかしレビ人にとって見ず知らずの人の危機は、重要な問題ではありませんでした。

対して、サマリア人は見ず知らずのけが人に対しても、ほとんど変わらない愛でもって助けています。サマリア人にとって、愛を向ける相手は家族や恋人だけではなかったのです。つまり、真の愛とはあまねく与えられるべきものであり、個では完結せず普遍へと向かう性質のあるものなのです。

・無償

「情けは人のためならず」は、しばしば「人に情けをかけて甘やかすのはその人のためにならない」と間違った解釈をされていますが、正しくは「人に情けをかければ、巡り巡って自分にもよい報いが返ってくる」という意味です。しかし、報いなど期待せずに、お互いに無償で与え合う情けこそが、人間愛です。

二〇〇一年にノーベル経済学賞を受賞したジョセフ・スティグリッツは、富裕層に増税し、貧しい人にもっと再分配すべきだと主張しています。一国の経済のためにもそのほうがプラスなのであって、たんなる情けや施しではないという彼の考えは、至極まっとうなものです。なぜなら貧しい人にその分配されたお金を蓄える余裕はなく、すぐに使います。浪費はせず、真に必要な物のために使います。しかも国内でそのお金を使うため、経済の改善につながります。もちろん経済のために、貧しい人に分配するわけではありませんが、経済の改善という副産物もついてくるというわけです。

見返りを目的とした行いは、愛ではなく、利害関係にすぎません。しかし、誰しも感謝や関心といったささやかな見返りは、心の底で望んでしまうことでしょう。それでも、何らかのご褒美や報酬を目的とせず、条件にもしないことが大切です。

みなで使った部屋を、人知れず一人で掃除するとき、きっと誰かが気づいて感謝してくれるだろう、などと期待するのは自然なことです。でも、誰も感謝しないどころか、きれいになっていることに気づかない、そんなこともままあります。誰かがお礼を言ってくれたらうれしい、でもたとえ誰も気づかなくても、同じような場面ではまた掃除しよう、そう思えるならば、それは無償の愛といえるのです。

「バラを捧げる手には、バラの香りが残る」ということわざがあります。お礼に別の花を受け取ることや、金銭を受け取ることがなくても、自分の手に残ったバラの香りは、ささやかでも深い喜びをもたらします。この香りは自己満足ではなく、愛に伴う精神的な作用です。よい心が感じさせる「調和」という香りなのです。

確かに、助かった人の笑顔も、助けた人の褒美になります。相手が笑顔を見せてくれないこともあります。それでも、相手が助かったこと自体は、愛する人にとって最も貴重な香りになるのです。

また、あなたの愛を喜ぶ人は必ずいます。イエスは「はっきり言っておく。わたしの兄弟であるこの最も小さい者の一人にしたのは、わたしにしてくれたことなのである」（マタイによる福音書25：40）と言っています。困っている人のためにしたことは、私にしたことである、と。

この言葉は、アルベール・カミュの戯曲「正義の人びと」の一場面、囚人の会話に出てくる「聖ドミトリの話」を照らします。

カリャーエフ　そう言っちゃいけないんだ、きょうだい。神にはなんにもできやしない。正義ってものが一番大切なんだ！（沈黙）わからないかね？　君は聖ドミトリの伝説を知ってるかい？

フォカ　知らねえ。

カリャーエフ　その人はね、神さまと草原（ステップ）で会うことになってたんだ。急いで行く途中で百姓に出会った。ところがその百姓の車がぬかるみにはまりこんでたのさ。そこで、聖ドミトリはその百姓の手助けをしてやった。泥々で、ひどいぬかるみだった。かれこれ一時間も奮闘しなければならなかった。そこで、やっと終って、聖ドミトリは約束の場所に駆けつけた。ところが、神さまはもうそこにはいなかったのさ。

フォカ　それで？

カリャーエフ　それで、つまり、泥にはまった車や、助けなけりゃならない兄弟があんまり多すぎるんでね、神さまに会いに行こうとしても、いつも遅れてしまう人たちがたくさんいるってわけさ。

（白井健三郎 訳）

カミュは、天にいる神のご加護ばかりを求めて、この世の人間を忘れる者たちを嫌っていました。「神さまに会いに行こうとしても、いつも遅れてしまう人たちがたくさんいる」というのは、カミュらしい皮肉に思えます。

しかし、カミュの解釈には誤りがあります。人を助けることそのものが、神と会うことなのです。ドミトリが夢中で馬車を押していたさなかに、まさしく彼は神と会っていたのです。

農民が人間に扮した神だったのではありません。困っている農民のためにドミトリがした親切は、神にとっては「すなわち、わたしにした」ことなのです。ドミトリは思いがけないかたちで神に出会っていた、これがこの伝説の意味なのです。

人を助けると神が喜ぶ、これこそが人間愛へのご褒美です。といっても、困っている人を通してイエスを大切にする、ということではありません。大切にするのは目の前のその人です。イエスもまたその人を愛しておられ、その人の喜びを我がこととして感じています。宗教哲学者のマルティン・ブーバーが言った「汝と我」は、愛する人の喜びも悲しみも我がこととして感じる関係性を指しています。悩んでいる人を特に愛するイエスは、その人が感じる喜びを自分の心で感じるのです。

病気の息子に友達が見舞いに来れば、付き添っている母親は心の底から喜びます。もちろん友達は彼女のために来たのではありません。それでも母親が喜ぶのは、愛によって息子と一体になっているからです。

教誨師(きょうかいし)は、目の前にいる囚人のなかに神を見て、神を喜ばせようとしているわけではありません。愛している友達として、囚人に語りかけているだけです。それでもイエスは二人の喜びを見て喜ぶことでしょう。

・痛み

自分が損をしない限りは困っている人を助けもするが、自分が損をすることが明らかであれば、見て見ぬふりをして「向こう側」を通りすぎる。誰しもそのような誘惑に負けがちです。

マザー・テレサは「痛みを感じるまで愛しなさい」と言いました。面倒で、つらく、損になること、それが痛みです。

サマリア人も痛みは感じていました。助けたら自らも危ない目に遭(あ)うかもしれません。旅先からの帰りを案じる家族の思いも知っていたことでしょう。それでも、目の前の人を放っておけず、大切な時間だけでなく銀貨までも譲ったのです。

愛し合っている人でも、遅かれ早かれさまざまな痛みを感じます。気持ちはすれ違い、けんかをし、感謝することもされることもなくなり、互いの欠点ばかりが目につき、裏切り合う、大なり小なり何らかの痛みを感じるときが来ます。

その痛みに耐え、それでも離れずに、痛みを超えるところまで愛し続ければ、消えそうだった愛の残り火もまた大きくなることでしょう。

誰にとっても自己犠牲はつらく、譲り合いは快いものです。愛する人は、自分の大切なものを、それを必要とする人に喜んで譲ることで、最も大切な宝物である自らの心を、結果的に活かすことになります。これは自己犠牲ではありません。


死が命を生み出し、苦しみが喜びをもたらすということを、イエス・キリストはこのように言い表しました。「一粒の麦は、地に落ちて死ななければ、一粒のままである。だが、死ねば、多くの実を結ぶ」(ヨハネによる福音書12：24)。つまり、自分のことしか考えないエゴイストは、元気で幸せに見えたとしても、実は孤立している不幸な者です。一方、自分の財産や欲しいものを困っている人と分かち合い、そのものを失う人は、「死んで」命を与えるのです。死という形式のなかで生き、隣人に命を与えるのです。

死と命について、イエスはもう一つの比喩を残しています。「女は子供を産むとき、苦しむものだ。自分の時が来たからである。しかし、子供が生まれると、一人の人間が世に生まれ出た喜びのために、もはやその苦痛を思い出さない」（ヨハネによる福音書16：21）。

かわいい我が子を抱きしめることは最高の幸せです。しかし、むしろ、いずれ「命に感謝」と歌うことのできる一人の人間が生まれたことの実感は、母にとってより深い喜びなのです。赤ん坊の視線に立った喜びこそが、母親の心を満たすのです。

善いサマリア人は、決して自分のことを偉いとは思わないことでしょう。ごく当たり前のことをしたと考えていたはずです。けが人を載せたロバもまた、アガペーの複雑な定義と特徴などを知らなくても、彼を運ぶことに何ひとつ疑念は抱かなかったことでしょう。

「人を助ける」と「人が助かる」

「助ける」と「助かる」という二つの動詞は、同じようでもまったく異なります。相手を「助ける」人は、自分が主人公です。感謝されて褒められることを望んでいます。

相手が「助かる」ことを望む人は、自分が目立たなくてもかまいません。感謝や評価がなくても、相手が助かりさえすればそれで十分だと思っています。後者はすなわち、多面的な愛情の「ケア」の一面を示しています。

ケアの愛が見つめるのは、現時点だけではありません。釣り人が貧しい人に釣った魚を与えれば、その日の食事にはなるでしょう。しかし、釣り道具を与えて、釣り方も教えれば、毎晩の夕食を得ることができます。

「ダビデの子よ、わたしを憐れんでください」と叫び続ける盲人に、イエスはこう答えました。

そこで、イエスは言われた。「見えるようになれ。あなたの信仰があなたを救った。」

（ルカによる福音書18：42）

イエスは盲人の「目を癒やした」と言ってはいません。彼に自信を抱かせ、これからも神を深く信じて求め続ければ、私がいなくても、自分自身であらゆる問題を乗り越えることができる、と伝えたのです。盲人の目は、たちまち見えるようになりました。

私は、「私が蒔いた愛の種が実りますように」という祈りをよいものと考えます。人のためによいことをしたり、適切な助言をしたり、役立つことを教えたりして、よい種を蒔いているのです。その種を蒔いたことを、少しは誇らしく思ってもかまいません。しかし、自分でその種を実らせることはできません。未来を見つめ、「実りますように」と深く望み、祈るのです。そうすれば、その種はいつか、たとえ場所を変えてもきっと実ることでしょう。

種を蒔いた私たちは、その実りを見ることはないかもしれませんが、きっと実ります。

また、人が「助かる」ことを望む愛は、問題の原因とその解決への糸口を導き出します。天井からの雨漏りの下にバケツを置き、モップで床を拭いても雨漏りは止まりません。天井を調べ、屋根や配管の綻び(ほころび)を修繕すれば、滴り(したたり)は止まります。

ホームレスの人には、まずは食料や着るものを手渡す必要があります。しかし「助かる」ことを望む愛は同時に、豊かな日本でこれほど多くの人が飢えに瀕する理由を、多くの子どもが三度の食事にありつけない理由を考え、その理由の解消を模索することでしょう。愛は原因と解決のどちらも真剣に探求するのです。

釈放された囚人たちがまた罪を繰り返さないために必要な手立ては、彼らが支えられつつ生きていけるような、まともな社会を作り出すことだけです。

しかし、私たちは悩み苦しんでいる無数の人々を見ても、我がこととは感じずに見て見ぬふりをして、「向こう側の道を通って」歩きつづけてしまいがちです。

フランツ・カフカの『変身』は、誰かの悲しみに対する人間の冷淡さについて考えさせます。ある朝突然、毒虫になってしまった若い息子に、家族は哀れみを感じつつ世話をしますが、やがてそのことに疲れ、世話を怠るようになります。それどころか、変わり果てた息子の存在を重荷と感じ、本物の毒虫のように扱い始めます。世話されず死んでいった彼の亡骸(なきがら)を片付けたとき、家族は解放感に喜ぶのです。息子が感じたであろう恐怖や悲しみを、もはや彼らは想像すらしません。

ローマ教皇フランシスコがシチリアを訪れたときのことです。シチリアには貧困や死から逃がれようと、なけなしのお金を払って小さなボートに乗り、ヨーロッパに渡ろうとする移民たちが多く流れ着いています。しかし毎年、子どもを含む何百人もの移民たちは地中海で溺れて命を落とします。その海を見つめフランシスコ教皇は、怒りとともに「この人たちのために、いったい誰が泣くのですか！　誰が！」と人々に寂しく問いかけました。

移民問題はきわめて複雑です。しかし、なぜ私たちはその現実に慣れ、泣くことすら忘れてしまうのでしょうか。

紀元前八世紀の預言者イザヤは、メシア（「メシア」というヘブライ語は、ギリシャ語では「キリスト」、日本語では「救い主」です）について「傷ついた葦を折ることなく　暗くなってゆく灯心を消すことなく　裁きを導き出して、確かなものとする」（イザヤ書42：3）と言っています。愛する人は、社会から疎外され精神的にも肉体的にも傷だらけになっている者を、決して切り捨てないのです。くすぶる火を消さず、その灯心を煽り立てるのです。

葦を折ることは簡単です。灯心を消すことも、死刑を執行することも簡単です。

真の教師は、落ちこぼれの生徒を切り捨てません。勉強が好きな生徒は、教師がいなくても何とかできるでしょう。イエスもまた、「医者を必要とするのは、丈夫な人ではなく病人である。わたしが来たのは、正しい人を招くためではなく、罪人を招くためである」（マルコによる福音書2：17）と言葉を残しています。

弱い立場に置かれている人をどうやって大切にするのか、それは社会の質を示します。

喜んで仕える

人が助かるために、人に仕えるという姿勢にこそ人間愛が宿ります。相手が助かるのかどうかを熟考すれば、ただのお節介を避けることができるでしょう。

喜んで仕え、助けを与えない人は、じきに与える権利を失います。

親は我が子のためと思えば、どんなに苦労しても喜んで与えます。赤ん坊を育てる親は、遊ぶ時間はおろか睡眠時間も、お金も引き換えにするでしょう。自分の食べ物さえも与えます。「いただく」よりも「差し上げる」ことが幸せだという真実は、ふだんは限りなく見えにくいものですが、子どもの誕生は人生の真実を教えてくれます。

感謝しながら家族や友達に仕える人も、「仕えられるよりも、仕えるほうが幸せだ」という理解しにくい真実を自然に体得し、あれこれ愚痴をこぼさず、喜んでいられるのです。快く与えることができない人は、この喜びを、それを得る権利を失っているのです。

仏教では、極楽の箸（はし）は三尺三寸（約一メートル）だと説かれています。自分の口までには長すぎるその箸で、対面にいる人と食べさせ合うのです。ここでは食べ物を奪い合うことは無意味です。

エゴイズムはみなを空腹にするだけです。分かち合えば空腹は満たされます。与えることは、この世を天国にする方法です。

もちろん、言うは易く行うは難し、です。しかし、いきなり完璧な愛を求めて挫折するよりは、失敗を重ねながらも理想に近づいたほうがよいと思います。

第三章　友情

「よい友達」とは何か?

あらゆる人間愛は、次第に友情に近づいていきます。友情は人間関係の基礎となります。円満な夫婦は、まるで仲のよい友達同士のように映ります。夫婦である以前によい友達である男女は、生涯にわたって人生を分かち合うことでしょう。友情で結ばれていない夫婦の関係は強くなく、しばしば家族の問題も引き起こします。

家族は最も大切な人間関係ですが、家庭の外に親友を持つことは、家族の結束をも強くします。

ところが、友達になるのは簡単ですが、友達を大切にし、友情を保ちつづけることは簡単ではありません。自らが「よい友達」であろうとすることで、互いの友情は不変のものとなります。

「よい友達」であるとは、どのようなことなのでしょうか。

「一人でいること」を尊重する

友情は、付かず離れずの関係から生まれるものです。一人でいる喜びを奪うことなく、一緒にいる喜びを感じさせます。この特徴は夫婦愛にも大いに当てはまります。友達と一緒にいることは楽しく、心落ち着くものです。たとえ退屈な時間であっても、友達と過ごすそれは窮屈ではありません。

親友たちは離れて暮らしていても、その心は離れません。学生時代の友達とは、年齢を重ねるごとにともに過ごす時間は減るのが常ですが、再会すればあっという間に離れていた時間は消え、もとの関係に戻れます。互いに嘘をつかず、大切にしていることを尊重し、約束を違（たが）えない限り、一人でいることがその関係を揺るがすことはありません。

スペインのある民謡には「本当の友達は血のようなものです／呼ばれないうちにすぐ傷口に走って行く」という一節があります。私が日本で司祭になった一九六四年、母が日本に来ましたが、私の日本の友達はみな彼女を大事にしてくれました。日本を発（た）つとき、母は「あなたはよい友達に恵まれているので安心して帰ることができる。あの人たちは、私がまだ気づいていないけど必要になるものを、何も言わずに何気なく持ってきてくれる」と言いました。まさに「血のような友達」です。

よい友達の前で、私たちは何も隠すことはありません。言うべきことは率直に、何でも言えるのです。一緒にいるだけで互いによい影響を与え合い、自分がより自分らしくなるための刺激を与えてくれます。

一見すると仲がよさそうでも、ほかの誰かをあざ笑ったり、嫌がらせをすることで同調している二人は、虐げる相手がいなくなれば、たちまちいがみ合うでしょう。

男女の友情

男女の友情が、いつしか恋愛感情に変わることもあります。そして、さまざまな理由で別れることも。

以前の友情が本物であれば、そこに戻りたいと思うのは自然ですし、望ましい形ともいえます。しかし、友情に戻れるかどうかは別れた理由や、当人同士の置かれた状況によっても違います。

男女の友情が恋愛に発展することなく、長く続くこともちろんあります。とても有意義な人間関係ですが、その関係の限界をいたずらに試すことは、あまり賢明ではありません。愛情が壊れたときに友情に戻れるとは限らないからです。友情から恋愛感情への道行きは、多くの場合は片道切符だと心得るべきです。

人間は多少なりともナルシストであり、危うさを求める性向があります。異性の親友から、相手への深い愛情ではなく自己満足のために、友情だけではなく恋愛感情をも受けたくなる誘惑がそこかしこに潜んでいます。そして多くの場合、それを望んでいるのは自分だけでなく、相手もまたそうなのです。

相手を自己満足の道具にしなければ、よい関係はいつまでも続くことでしょう。それだけでなく、真に結婚相手とすべきなのは、互いに相手のためになれる友情で結ばれている人なのです。

第四章　男女の愛

「好き」と「愛」の違い

男女の愛には、好きという感情だけでなく、思いやりも含まれます。

エーリッヒ・フロムは著書『愛するということ』で、「好き」と「愛」の違いを示しています。

> 愛は能動的な活動であり、受動的な感情ではない。そのなかに「落ちる」ものではなく、「みずから踏みこむ」ものである。愛の能動的な性格を、わかりやすい言い方で表現すれば、愛は何よりも与えることであり、もらうことではない、と言うことができよう。
>
> （鈴木晶 訳）

好きという感情も、嫌いという感情も、それ自体は人間が自由に選べるものではなく、受動的に湧き上がってくるものです。

しかし、行いをもって「みずから踏みこむ」愛を選ぶ人は、その行いを自由に選ぶことができます。赦し、信じ、譲る、すべてを自ら選ぶことができるのです。それがふさわしくないと思えば、「しない」という選択もできます。

「好き」の源である好みを、他者が強要して変えることはできません。しかし、習慣や教育は、ときに好みを変えることがあります。アンリ・マティスの絵が嫌いな人に、押しつけることなく辛抱強くマティスのすばらしさを説きつづければ、いつかその絵を好きになるかもしれません。

私自身、初めて納豆を食べたとき、率直に言って文明人の食べるものとは思えませんでした。しかし、親しい人たちがいろいろな食べ方を教えてくれたおかげで、今では大好きです。露店で水戸納豆を二つ買い求めたところ、納豆売りの方は外国人が納豆好きなことをたいそう喜び、「おまけ!」と六つもくれたことがありました。

人に対する「好き」も、必ずしも不変ではありません。人の好みは変わり得るし、魅力は次第に弱くなり得るし、その人よりもほかの人をより好きになることも起こり得るのです。この三つの危険性が好きの裏側には常に張りついているので、好きになることは常に不安を伴います。

「好き」の徴

ときに移ろう「好き」を、確かめることはできるのでしょうか。

相手を本当に好きなのかどうかを見分けることはたやすくはありませんが、それを示すかすかな徴（しるし）がいくつか挙げられます。

一つは「アトラクション」です。相手から魅力を感じ、引き寄せられ、一緒にいたいという感情です。家柄や財産、学歴や肩書、外見などよりも深いところにある、その人らしい魅力に惹かれていることが重要です。

もう一つの徴は「アドミレーション」です。相手の価値を正しく認識し、感嘆する感情があるかどうかです。純粋な心、誠実さ、弱い人に対する優しさ、仕事への熱意、立ち直る元気、生きる喜び、向上心、過ちを認める謙虚さ、このような価値に感銘を受け、称賛する気持ちがあれば、そこに「好き」はありそうです。感嘆する長所はたった一つでも、漠然としたものでも構いません。

愛情が一時的に弱くなったと感じられても、これらの徴が残っていればあわてる必要はありません。徴が見当たらなければ、愛情は危地に立たされているのかもしれません。

裏を返せば、常に相手から尊敬されるように行動しなければ、愛情は弱まっていくのです。今は相手がこちらの価値を認めてくれるからといって、ずっとそのままとは限らないのです。

日本には「釣った魚に餌をやらない」などという下品な言葉がありますが、その感覚で配偶者を扱わないほうが賢明です。常に自分を磨き、心を満たす夢を手放さずに、重要な価値観を変えずにいれば、相手からのアドミレーションは弱くはならないでしょう。

貧乏だった夫婦が裕福になり、離婚するケースはいくらでもあります。二人で大事にしていた価値観が、どちらかのなかで変わってしまったのでしょう。

相性も徴になります。楽しいから、落ち着くから一緒にいたいというだけでなく、退屈でも一緒にいられ、それが窮屈でなければ、そのことが徴となります。

けんかも手がかりになります。本来、感謝と謙遜と忍耐を保ってコミュニケーションを重ねる二人には必要のないものですが、やむを得ずけんかをした場合、その「後味」が大事です。相手を貶(おとし)めるけんかだったのか、あるいは二人の未来のために主張と妥協の折り合いを探り合う諍いだったのかで、後味は苦くもなれば、すっと消えて残らないこともあります。

仲直りも大事です。深い愛情があれば、けんかしても納得のいく仲直りにより、けんかする前よりも愛情を深められることもあります。

私の兄はしょっちゅう恋人とけんかしていました。けんかするかしないか兄と賭けをして、私が小銭を稼いだこともあります。家族は「結婚すれば離婚するのが目に見えている」と言っていましたが、兄は「けんかのあとのキスが旨(うま)ければいいじゃないか」と意に介さず結婚し、けんかをしながら生涯添い遂げました。

ジェラシーとジール

嫉妬も徴です。

嫉妬はするけれども、相手を信じているから束縛はしないという程度の嫉妬は、十分に「好き」の徴です。

相手を信じているが、疑惑にも根拠があれば、怖くても相手に問いただしたほうがよいこともあります。問わずにいれば、疑惑は心の底でさまよいつづけ、必要以上に大きなものになってしまうかもしれないからです。相手が納得いく説明をしてくれることもあれば、疑惑を招く行動を恥じて反省してくれることもあるからです。

ギリシャ神話の神、Zēlos（ゼーロス）は、そのままギリシャ語で熱意や競争心を意味する言葉となりましたが、同時に「嫉妬」も意味します。このゼーロスから二つの英単語が派生しています。

一つは、ジェラシー（Jealousy）です。男女の愛情から生まれる自然な所有欲の表れでもあり、プライドから生じる利己的な独占欲でもあります。

もう一つの単語はジール（Zeal）、熱意や情熱を意味する言葉です。これは愛から生まれ、相手の幸せを求める熱意です。赤ちゃんを抱きかかえ、不幸が近寄らないように身を呈している母親の姿は、まさにジールそのものです。

旧約聖書には「嫉妬深い神様」という表現がしばしば出てきます。私は長年、この言葉を理解できずにいましたが、ジールがゼーロスからの派生語であることを知り、深く納得しました。

人間はしばしば、真実の愛そのものである本当の神から離れて、偽りの神々にすがります。お金や出世、邪（よこしま）な遊びを強く求めてしまう人は、それらを自分の「神」にし、神の愛から離れるのです。愛そのものである神は、自身から離れ不幸になっていく子どもたちを見て悲しみ、偽りの神たちに強く嫉妬します。これは所有欲や自己満足、妬みからのジェラシーではなく、愛からのジールです。人間の深い幸せを望んでいるからこそ、「嫉妬深い神様」になるわけです。

男女の愛は、ジェラシーではなくジールによって結ばれている必要があります。結婚する資格とは、ジール深い人であることともいえます。「自分自身の価値はたいしたことないが、あなたを大切にし、幸せにしようというジールでは誰にも負けない」、これはうぬぼれではなく結婚生活の初心であるべき感情です。

大切な相手に不幸を近づけまいとするジールは、二人の外からやってくるものに対してだけでなく、自分自身が発するエゴイズムや高慢さ、不誠実からも相手を守る必要があります。

愛する証

夫婦になる二人は、生涯変わることのない愛を誓います。この愛は、受動的な「好き」とは異なり、能動的に「愛する」という行為のなかにあります。真に愛しているかどうかは、いくつかの証（あかし）から測ることができます。

愛は二人の間にある、望ましくない隔たりを超えます。ただの知り合い同士であれば気にならない隔たりを、愛し合う男女は心の触れ合いを妨げるものとして意識します。隔たりを超えようとする熱意こそが愛であるともいえます。

相手が留守のときほど気が休まるという夫婦は、再び隔たりを気にしない関係になってしまっています。そこでは愛は弱まっています。

望ましくない隔たりは、エゴイズムと高慢さが生み出します。これらは夫婦や家庭ばかりでなく、あらゆる人間関係の円満や、社会の正義、世界の平和を乱す根源でもあります。

自己中心的な思考や怠慢から生まれるコミュニケーション不足、信頼を失わせる不誠実、大きな嘘、自分の都合と利益を優先しすぎる態度、相手を利用すること、感謝しないこと、これらすべてがエゴイズムと高慢さから起こり、隔たりを広げます。

エゴイズムを抑制するのは、相手のことを第一に考える習慣です。相手への感謝から生まれる謙遜は、高慢を抑えます。

しかしながら、二人の間には望ましい隔たりも必要です。

レバノンで生まれた詩人、カリール・ジブランは散文詩『預言者』で、一心同体であるはずの夫婦について「一緒の二人の間にも、自由な空間を置きなさい」と記しました。


一緒に歌い、一緒に踊り、共に楽しみなさい。しかし、おたがいに相手をひとりにさせなさい。

ちょうど、リュートの弦がそれぞれでも、同じ楽(がく)の音(ね)を奏でるように。

おたがいに心を与え合いなさい。しかし、自分をあずけきってしまわないように。

なぜなら、心というものは、あの生命の手だけがつかむもの。

一緒に立っていなさい。しかし、近づき過ぎないように。

なぜなら、神殿の柱はそれぞれ離れて立ち、樫(かし)の木と杉の木は、おたがいの陰(かげ)には育たないのですから。


（佐久間彪 訳）

たとえるなら、ほどよく離れた二本の木のような関係です。幹の間には隔たりがあり、しかし枝葉と根は重なり合う。一人でいることの喜びを奪わずに、しかしながら確かに一緒にいる喜びを感じられる、そんな関係性です。

望ましい隔たりは、心を満たすものを求める憧れが生み出します。芸術に憧れる人は、芸術を味わい、あるいは自ら作品を生み出すために自由な時間と個性の発現を必要とするでしょう。それらが自然と隔たりを生むのです。望ましい隔たりがあることは、愛の証の一つです。

自由な時間と個性を求めるのがエゴイズムであれば、一緒にいる喜びに望ましい隔たりがもたらされることがなく、二人をただ引き裂くだけです。そこにあるのは冷たい隔たりです。

成長を望む愛

愛は、相手を尊敬しながらその成長を求めます。成長を望むことも愛の証です。花であれば鉢に植え、水と日光を与えて成長を待つところですが、人の成長はそのように待つことはできません。自由を束縛することなく、尊厳を持って成長を待たねばなりません。自ら選んだ理想につながる道をしっかりと歩きつづけることを願いながら、そばにいて安心と刺激と希望を抱かせる。この姿勢こそが尊敬に満ちた愛なのです。

成長を望みそばにいても、相手が自ら選んだ道に迷いが生じることもあります。別の道を歩むことが近道なのだと、相手が主張したとしましょう。その言葉が真なのか、怠惰からくるごまかしにすぎないのか、真摯に話し合っても平行線をたどり、結論が出ないかもしれません。

その齟齬（そご）が決定的だと思え、二人の間に子どももおらず、関係を解消しても不幸になる人がいないのであれば、いったん別々の道を歩むことも一つの方法です。子どもがいたり、互いに離れられない絆で結ばれているのなら、謙虚に互いを信じ、一緒に歩きつづけるしかありません。

離れられないという気持ちは、愛の証です。

本当に愛し合っている二人は離れたくないばかりでなく、離れようとしても離れられないとわかっているし、離れることが人生の失敗だと理解しています。別れれば、財産や社会的地位ではずっと恵まれた人生になるかもしれないが、それでも、貧しくても人生を分かち合うほうが幸せだと知っているのです。

離れられないという気持ちが、愛ではなく、わがままな執着にすぎないこともあります。執着に突き動かされて配偶者や家族を捨て、別の人に走る人はしばしばそれを「真実の愛に生きること」だと自らに言い聞かせますが、執着に情熱を燃やしているだけということもあります。

情熱的な恋愛だけが愛ではありません。情熱的な恋愛という「祭壇」に、生贄として夫婦愛や子を思う心、親孝行や友情などのほかの愛を捧げることは、実際のところ真実の愛とは程遠い利己にすぎません。見せかけの情熱に深く傷つけられるのは、あなたよりも弱い立場の人たちなのです。

最も弱い立場に置かれるのは、胎児です。妊娠中期は難しい問題ですが、社会のなかで弱い立場に立たされた母親よりも、自分で生きる選択ができない胎児は、もっと弱いのです。胎児はどの瞬間から人間なのか、それもまた難しい問題ですが、すでに命の舟に乗りかかっている存在であることは間違いありません。命に感謝する喜びを味わうことができる存在なのです。

その生命は母親の所有物ではなく、独立した存在です。親の都合や価値観よりも優先されるべきものです。

私たちの社会は、弱い者、全体の発展を妨げると判断された者を、切り捨ててよいと考えるようになってきています。そんな風潮にはかかわってはいけないのです。

やむを得ない中絶は、確かに存在するでしょう。望まない選択を選んでしまった人もいることでしょう。本当にやむを得ないのか、率直に思いを巡らせ、必要悪を美化しない態度が大切です。必要悪が善に変わることはないからです。戦争を必要悪だとする国は、いつまでも戦争を続け、その栄光を誇ることでしょう。

やむを得ず中絶を選んでしまった人は、その子のためにも絶望することなく、前向きに涙を流してください。その子のためにできなかったことを、ほかの弱い人々にしてあげるための涙です。

見返りを求めない愛

男女の愛情に話を戻せば、男女間の愛は、家庭への愛や友情をも強くするエネルギーの源にもなり得ます。もちろん家族愛や友情もまた、ほかの人への愛を深める力になります。特定の誰かに心を開き、ほかの人に心を閉ざすのでは真の愛とはいえません。恋人ができた途端に友達付き合いが悪くなるのでは、恋愛が愛情の妨げになっていると言わざるを得ません。

真の愛で結ばれた家族は、悩んでいる他人に対しても親切に、また、その人が信じる神に対しても寛容でいられるはずです。また、飼っているペットを愛する人は、動物という存在を通じて大自然へと心を開くことでしょう。特定の誰かへの愛は、他者への愛へと開かれています。

また、誰かを愛するということは、与えることでもあり、何かを受け取ることでもあります。そもそも与えようが受け取ろうが、どちらであっても気にもなりません。

冬の寒い日に両手をこすり合わせて暖をとるとき、どちらの手が温めて、どちらの手が温められているのかなどと問う人はいません。どちらも温め合っているのです。それは愛し合う者同士も同じで、見返りも損得勘定もそこにはありません。

愛によって一体となった二人は、相手の喜びや悲しみを自分のものとして感じます。ここでは「与える」「受け取る」という一方的な関係はありません。損得勘定は、愛の弱さを表しています。

とはいえ、愛し合う二人の間でも、公正さは必要で、それぞれの役割を明確にしたほうが賢明ではあります。"Good fences make good neighbors."(よい垣根はよい隣人をつくる＝親しき仲にも礼儀あり)は、長く愛を維持していくための秘訣です。垣根があるからこそ、信頼感のもと垣根を越えることもできるのです。

年齢を重ねるごとに異性の好みが変わることもあるでしょう。愛する相手の魅力が弱まって感じることも、ほかに気になる人が現れることもあるかもしれません。それでも「あなたがほかの誰でもないあなただからこそ、あなたを愛している」と感じられるとすれば、それもまた真の愛の証です。「汝が汝だから汝を愛する」、この認識を強くさせるものが二つあります。

一つはともに過ごした時間の長さ、つまりは歴史です。ともに体験し、悩み、けんかと仲直りを繰り返し、苦しみを乗り越えた体験を分かち合ったのが、ほかの誰でもない「汝」であったということです。バラのわがままに振り回されるのに疲れた星の王子さまは、自分の星を出て地球に降り立ち、そこで初めてバラがかけがえのない存在であったことを認識します。「きみのバラをかけがえのないものにしたのは、きみが、バラのために費やした時間だったんだ」というキツネの言葉は愛し合う者同士の歴史を指しています。

もう一つは、二人で歩む方向です。今、この瞬間に愛がもたらした感情の強さや純粋さよりも、進むべき道筋を共有し、ともに歩けているかどうかが重要です。

もちろん、相手が今、自分のことをどう思っているかを想像したり、不安に感じるのは当然のことです。でも、瞬間の感情の揺れ動きを確かめたところで、一時的な波の高さで海の深さを知ることはできません。

愛は、現在の感情を含んで未来へと続く道筋にあります。愛と人生は、常に今という時点から始まるベクトルなのです。

汝のための我であるか、我のための汝であるかを探求するよりも、これからどのような我になっていくのか、どんな汝でいてほしいのか、二人で何を作り出すのかを問い、そのベクトルのなかで歩みつづけることが愛の証となるのです。ベクトルは、移ろいやすい感情を安定させる錨でもあります。

ベクトルが一致する夫婦の子どもは、親を愛するだけでなく尊敬し誇りに感じます。歩む方向が一致しない両親を愛しはしても、尊敬までにはなかなか至らないものです。

新郎新婦から花束を贈られて、「あれだけ世話してこれっぽっち?」と思う親はいません。親は子どもに見返りを求めて育ててきたわけではないからです。むしろ、決して親のものにはなり得ない何かを大切に守り、子どもたちに手渡そうとしてきたはずです。斬首刑の決まった吉田松陰が詠んだ「親思ふ　心にまさる　親心　けふの音づれ　何ときくらん」は、親心の想像を絶する大きさを表しています。

感情の分かち合い

愛が伝わらない――その一つの原因は、愛を受け入れる人の姿勢です。自分が愛するだけの魅力や価値が、その人に備わっていると信じていなければ、その愛情は伝わりにくくなります。自分の感情が信じられないからこそ、相手から伝わってくる感情が愛情なのか、同情なのか、あるいは一時的なものなのかと不安になるのです。

愛情が伝わらないもう一つの理由は、愛情が浅く、自己中心という塀を越えるほどあふれ出てこないということです。

カミュの『ペスト』には、グランという貧しい下級役人が登場します。彼は仕事が終わると、黙って執筆に励みますが、若い妻にはそれが耐えられない。彼女は「ずいぶんあなたを愛していましたが、いまはもう疲れてしまいました……。出ていくのがうれしいわけではありませんが、うれしくなくてもやり直す必要があるのです」(中条省平 訳)と書き置きを残して去ってしまいます。グランはそこで初めて妻の「愛されていると思う気持ち」を支えてやろうとしなかったことを悟るのです。褒め言葉や気の利いたプレゼントよりも、相手の立場から物事を感じる姿勢が欠けていたことを。

喜びも悲しみを分かち合いたいと望むことは、愛情の証です。

自分の悲しみを分かち合うこと、人の悲しみを分かち合うこと、自分の喜びを分かち合うこと、そして人の喜びを分かち合うこと。この四つについて考えてみます。

自分の悲しみを、好きでもない人にも感じてほしいと思う人はいません。不幸に打ちひしがれるときに、そばにいてほしいのは好きな人だけです。つまり、その人に自分の悲しみを感じてほしいと思うのであれば、その人を愛しているといえるでしょう。

相手の悲しみを分けてほしい。愛していない人の悲しみを感じたいとは、誰も考えないはずです。

自分の喜びを感じてほしい。その人にも喜んでほしい。そう思えるなら、そこには愛があるといえます。自慢したいのであれば、話は別です。おいしいものを食べたとき、すばらしい音楽を聴いたとき、映画に心を打たれたとき、その人とその経験を共有できていたならもっとすばらしかっただろう、そう思えるならそこには間違いなく愛情が存在します。

自分の喜びを分かち合うには、それが自分のナルシシズムからの行動ではなく、しかも相手が嫉妬することもなく喜んでくれるはずだという信頼も必要です。この分かち合いは愛情だけでなく、相互の信頼の証でもあります。

忠実と献身

忠実と献身は、愛の証です。

愛情の対象をただ一人にすることが忠実であり、心の忠実は身体にも表現されます。愛である神に対して忠実であり、自分の心に対して忠実であり、信じるにふさわしい人に対して忠実であることを、愛は要求します。

倫理感から忠実であらねばならないと思うのであれば、それは真の愛ではありません。大切な要求です。自然に、かつ情熱的に、その人に忠実であろうとするとき、そこに愛が宿ります。とはいえ、この自然な忠実を得るためには、意識的な注意と努力が必要です。

「病めるときも」「貧しいときも」という結婚式の誓いの言葉は、忠実と献身の誓いです。生涯を通じ、相手を愛しともにいる。ともに痛みを感じ、痛みを超えるまで愛し合うという献身です。

相手が心を病み、周囲の人が離れていったとしても、信じてそばにいること。厳しいことを言いはしても、決して見捨てずに傍らにいること。相手が悲しみで押し黙ってしまったときに、沈黙とともに相手が語りだすのを待つこと。忍耐と信頼で愛を維持し、強く愛し、愛の危機と闘える人こそが、強い愛の持ち主です。

感謝

自ずと湧き出る感謝の気持ちも愛の証です。

喜びは感謝をもたらし、感謝は喜びの源泉となります。感謝はすべてを清めます。感謝の精神は謙遜と忍耐を引き出します。

感謝されることを求め過ぎてはいけません。感謝することを忘れないことが大事です。家庭を長くともに営む人とは、自分が大切にされることが当たり前だと思わず、感謝することを忘れないようにすべきです。

ある若者は、自分が愛している女性からも愛されていると知って、うれしさのあまりにどうしても感謝したくなりました。彼女に対して、彼女の両親に対してだけでなく、その感謝の対象が特定の誰かに限らないことにふと気づきました。彼は信仰を持たない人ですが、この感謝の対象は、もしかしたら人々が「神」と呼んでいる存在かもしれない、と考えたそうです。

結婚

神の祝福を受け結ばれる二人は、自分たちの「港」を築き、楽しんで人生を分かち合います。疲れはてて「港」に帰る漁師は、安心と希望と刺激を得て、再び海に出ていきます。二人は、ほかの人のためにも「港」になろうとするかもしれません。

結婚は、愛において命が一体となることであり、一体となることで生まれる命です。「逆境においても、順境においても。豊かなときも、貧しいときも。健康に際しても、病気に際しても、生涯変わることのない愛と忠実を誓います」。この誓いの言葉は、すなわち一体であることを意味します。

結婚する二人は、試練や貧しさに直面しても、病気になっても、子どもが生まれないことが後にわかったとしても、どんなことがあっても、ずっと一緒に生き、いつまでも人生を分かち合い、絆で結ばれるのです。

この一体から二種類の命が生まれます。その一つは、互いの愛情から生じる子どもという肉体的な命です。もう一つは、愛から生まれる夫婦の精神的な命です。愛はいつも命を生み出すのです。

この二種類の命は家庭で成長します。それゆえ、家庭の安定性は非常に大切です。安定性は安心感を抱かせます。夫婦の命と子どもの命の成長のためには、きわめて大切な安心感です。

この安定性を堅固なものにするのは、夫婦の誓約と、変わらぬ姿勢です。

二人が署名する誓約書は、愛から生じ、愛を安定させます。

愛し合う二人にとって、「誓約」は少し堅苦しいかもしれません。誓約を守るという義務感で一緒にいるよりも、一緒にいたいから一緒にいるという自由さのほうが、より自然でより幸福感をもたらすかもしれません。

しかし、結婚は愛という風で航海するヨットです。凪によりヨットが止まることもあります。ヨットに小さなモーターが付いていれば、無風で帆を下ろしたままであっても、船は少しずつ進みます。誓約は小さなモーターです。

言うまでもなく、モーターだけでは遠くまで行くことができません。しかし、両家の前でも、社会の前でも、もしくは神の前でも二人が署名した誓約は、責任の重さと精神的な力を備えます。

神が祝福する誓約は、その誓いを守るための力を与えます。そして、その誓いを守りつづけることで、本人たちの責任感を深めます。その力のおかげで、風が再び吹くまでヨットはゆっくりと航海しつづけるのです。

夫婦愛を阻むもの

愛を分かち合う人生にも、さまざまな変化が訪れます。それらを円滑に乗り越えるためには、柔軟さが必要です。

結婚当初の、恋人同士という情熱的な気分は、次第に仲良く人生を分かち合うパートナーという落ち着いた雰囲気に変わるでしょう。変化は簡単なものではありません。急流がゆったりと流れる川になるまでは、峻嶮(しゅんけん)な岩の間をくぐり抜けなければなりません。いくつもの試練を抜けて、ようやくたおやかな流れとなるのです。

結婚当初の理想は、現実とは異なります。結婚生活を耐え難き忍耐とする小話は、世の東西を問わず、あまたあります。夫婦仲があまりよくない人は、若い夫婦に対しても結婚の暗い側面を語りがちです。このような話が、バラ色の世界を期待しすぎて結婚する人にとっては参考になる助言でしょう。しかし、スペインには「祭りを悪く言う者は祭りで失敗した者だ」ということわざもあります。

結婚とは、互いに鍵を持って一つの小部屋に入り、内側から鍵をかけるようなものです。結婚生活がうまくいっているうちはその小部屋で楽しく暮らし、仲違いが生じたり、ほかの異性が気になりだしたら鍵を開けてさっさと部屋から出る。そのような考えで部屋に入った若い夫婦は、遅かれ早かれ部屋から出ていくことになります。
鍵をかけ、互いに強要することもなく、どちらも進んで鍵を捨ててしまう夫婦もいます。
二人もまた、この先に何も問題が生じないと思っているわけではありません。お互いがいま抱いている愛を、長い年月で深めていけば、どんな困難も乗り越えられると思っているのです。

もちろん不安も恐怖心もあるでしょう。それでも、信じ合って鍵を捨てられる夫婦は、最後まで人生を分かち合うことになるでしょう。

愛を保ち、深めていく姿勢や方法を、二人が守りつづけられるかどうか、夫婦生活のすべてはこの一点にかかってきます。

異なった家庭環境、習慣、マナー、価値観、生活のリズム、これらすべてをすり合わせることは簡単ではありません。

きょうだいが少なく、両親に大事に育てられ、わがままになっている人は、結婚相手にも甘え、自己中心が許されるという気持ちでいるかもしれません。ときに互いのわがままは正面衝突を起こします。

「生涯、愛と忠実を誓います」。この「生涯」という言葉の重さも気になるでしょう。この人とずっと人生を分かち合うという約束は、うれしさや安定性を感じさせると同時に、重い義務感と心配を抱かせることになり得ます。靴のなかの小石は、散歩の距離なら気にもなりませんが、マラソンを走ることになれば大きな石にも感じられるでしょう。

また、時間は物事や関係性も変化させていきます。結婚当時の美しいと思えたパートナーの姿が変わることも、リーダーシップと思えたものがただの高慢とわがままに見えてくることも、当然のように起こります。どんな人にも欠点はあり、結婚以前から気づいていたとしても、それがどんどん大きく膨らんできたり、見えていなかった欠点が決定的なものとなったりもします。魅力的な友人はいくらでもいるのに、なぜこの人に一生を捧げなければならないのかと、損したような思いにとらわれることもあるかもしれません。

夫婦の親も、ときに火種となります。もちろん、すばらしい両親であることがほとんどですが、子どもの家庭に過度な干渉をしたがる親も少なくはありません。親本人は助言と思っても、義理の子には命令に聞こえることもしばしばです。

自分の親と配偶者との間で板挟みになるとき、一般には配偶者の味方に立つべきだと言われています。でも長い目で見れば、温かい心を保ち正義の側に立つべきです。「あなたたちは真理を知り、真理はあなたたちを自由にする」（ヨハネによる福音書8：32）のです。

現代の風潮も問題になり得ます。新製品が次々と発売され、一人の人が何度も転職を行う社会では、古い物を捨て新しい物を手に入れるということが習慣となっています。その習慣は、人間関係にも反映されがちです。

もちろん、女性の立場が弱く、夫の横暴から逃げることもできず家庭に縛りつけられていた時代が終わりつつあることは、大きな前進です。しかし男女とも、小さな違和感や齟齬への忍耐力が弱くなっているようにも思えます。

さらに、テレビドラマや映画、小説でもしきりに忠実さを失った夫婦が描かれ、それが普通のことであるかのような錯覚を植えつけられています。別の異性と関係を持ち配偶者を傷つけることは、家族すべてを深く傷つけます。

傷つけられた側が、相手を赦すことは非常に困難です。それでも、相手の謝罪が真実のものであると思えるならば、プライドよりも愛情を優先することが、困難であっても最良の道であるといえるでしょう。受け入れて、一緒に生活をするなかで、傷ついた愛情を回復していくことを、神も家族も望んでいるはずです。

赦しを乞う側は、自分に赦される資格がないことをまずは理解しなければなりません。そのうえで、たとえ相手にとって自分はもはや必要ではなくても、自分にとっては相手が必要であることを、率直に語り深く謝るべきです。二度としない、という誓いは言うまでもありません。

子ども

夫婦の愛から生まれる子どもは、二人をより密接にします。しかし子どもが夫婦のすべてになってしまったら、いつか子どもが家を出ていったあとに、夫婦をつなげるものはなくなってしまいます。

子どもは家庭の中心ですが、すべてではありません。最後まで一緒に残ってくれる人は配偶者なのです。また、子どもは親の持ち物ではありません。ジブランの『預言者』には、このような一節もあります。

> あなたの子は、あなたの子ではありません。
> 自ら（みずか）を保つこと、それが生命の願望。そこから生まれた息子や娘、それがあなたの子なのです。
> あなたを通ってやって来ますが、あなたからではなく、あなたと一緒にいますが、

それでいてあなたのものではないのです。

子供に愛を注ぐがよい。でも考えは別です。

子供には子供の考えがあるからです。

あなたの家に子供の体（からだ）を住まわせるがよい。でもその魂は別です。子供の魂は明日（あす）の家に住んでいて、あなたは夢のなかにでも、そこには立ち入れないのです。

子供のようになろうと努めるがよい。でも、子供をあなたのようにしようとしてはいけません。

なぜなら、生命は後（あと）へは戻らず、昨日（きのう）と一緒に留（とど）まってもいません。

あなたは弓です。その弓から、子は生きた矢となって放たれて行きます。射手（いて）は無窮の道程（みちのり）にある的を見ながら、力強くあなたを引きしぼるのです。かれの矢が速く遠くに飛んで行くために。

あの射手に引きしぼられるとは、何と有難いことではありませんか。

なぜなら、射手（いて）が、飛んで行く矢を愛しているなら、留（とど）まっている弓をも愛しているのですから。


（佐久間彪 訳）

第二部　愛し合う

第五章　コミュニケーション

話を聞く

コミュニケーションは愛を維持し、深めます。

この人なら何でも言えるという信頼感があればこそ、恥ずかしいことも打ち明けることができるし、つらい真実を話すことができます。

お互いに意見を言い合い、平行線をたどるだけならそれはコミュニケーションではありません。海がいい、山がいいと言い合うだけでなく、海でしたいことと山でしたいことがある程度まで実現する場所を見出すためには、相手の話に耳を傾ける必要があります。

自分の言いたいことを先に口にするのでも、自分が聞きたいことを言わせようとするのでもなく、相手が語る言葉そのままをまずは聞くべきです。反論はしてもかまいませんが、相手が話し終わり、その思いをよく理解した上でしなくてはなりません。お互いに長話にはせず、なるべく簡潔に話すことを心がけましょう。

相手が言っていることの向こう側に、相手が言いたかったことがあります。言葉尻をとらえるのではなく、本当に言いたかったことや言わずにおれなかった感情に、心を向けることが重要です。

感情的になっている人の話のなかにも、真実を聞くべきです。自分自身の言葉に興奮が煽られていてもなお、必ず真実が含まれています。あなたにとって不都合なことを激しい口調でなじられると、誰でも反発心が湧くものですが、それでも謙虚に聞くべきです。

同時に、口にされなかった言葉にも耳を傾けましょう。遠慮や配慮から口にしなかった言葉も、それがわかっているのなら、沈黙に耳を澄ませるのです。

あなたを大切に思う人の、厳しい助言も素直に聞きましょう。あなたの成長と幸福のために、話しづらいことでも伝えてくれているのですから。

話を聞くことは、口から出された言葉のみならず、心のなかにある言葉に耳を傾ける行為です。

I don't want to talk about it, how you broke my heart
If I stay here just a little bit longer

If I stay here, won't you listen to my heart? Oh, my heart?
もう話したくない／君がどれほど僕を傷つけたか／もう少しだけここにいさせてくれれば／君は僕の心の声を聞いてくれるだろうか

(Danny Whitten "I don't want to talk about it")

ロッド・スチュワートが歌ってヒットした曲の一節です。説明や弁明が欲しいのではない。どれだけ傷つけられても、それでもあなたを愛しているという、心の奥底にある真実を聞いてほしい。先に引用した『ペスト』の一節、自らの内に閉じこもり妻に去られてしまった夫グランに足りなかったことを、この歌は思い起こさせます。

話を「聞く」という行為は、簡単なことではありません。忍耐と寛容が必要です。それでも、たとえ「聞き下手」であっても、相手の心から発せられる言葉に耳を傾けるべきです。ここには「聞く」という行為の根本があります。

話し合う

自分の意見が正しい、自分の側に絶対的な真理があるという思い込みが、対話を困難にします。自分の正義に凝り固まれば、相手も同じ態度を取ります。これでは話し合いではなく、互いの力をぶつけるだけの闘いになっています。

自分の言葉から、真理や正義と思えるものを取り除き、残りの言葉で二人の間にある真理を探究することが大事です。あなたのなかに真理はなく、二人の協力で真理を探り出すのです。

真理の探究には、譲り合いも必要です。お互いに、部分的には損をしても、全体で見れば大きな得が、大きな幸福が得られます。

このような対話を妨げるのが、諸悪の根源でもあるエゴイズムと高慢です。利益を求めるエゴイズムと、相手を打ち負かしたい高慢は、コミュニケーションを阻害します。

話し合って真理を探究する人は、真理にも探究されるでしょう。心の奥底にいる自分と話し合い、人間と、自然と、神と話し合って真理に近寄る人は、だんだんと真理に包まれることになるでしょう。

真実

真実は最高の親切です。相手のプライドに傷をつける真実であっても、最高の親切なのです。

真実を告げる場合にも段階はあります。「脱いだ服を片付けて」「遅刻しないようにね」といったちょっとした注意であれば、さほど相手に不快感を与えませんし、「あなたの部下の○○さんがあなたに注意されてひどく落ち込んでいましたよ」などといったさりげない忠告なら、さほど抵抗なく聞き入れられるかもしれません。しかし、相手のためを思った注意や忠告でも、あまり多すぎるとストレスを与えますし、徐々に注意が素通りするようにもなります。

もう少し言いにくい真実もあります。生き方や価値観への小さな疑問や意見などがこれに当たります。相手の成長と幸せを願いつつ、優しく語りかけることで、相手が小さな怒りの爆発を起こさないようにすべきです。

もう少し深刻な真実は、ときに衝突を招きます。小さな爆発が起こっても、時間をかければ和解できるでしょう。

これ以上の重い真実は、関係性を失わせます。この段階に至る前に、前段階の真実を少しずつ伝えるべきです。そうでないといきなり大噴火を起こし、関係性の土台ごと吹き飛び、二度と仲直りできなくなるかもしれません。

深刻な真実を告げる際に、目的を見失ってはいけません。目的は相手の向上と幸せです。そのために、相手に希望と自信を抱かせ、元気づけるのです。もっと向上できるという可能性を示して語りかける、「罪を叩き罪人を立てる」という方法がよいでしょう。

時間が解決する問題であれば、黙って待つのが賢明です。真実を伝えることで、かえって真実から遠ざかることもあります。真実を伝えても問題が解決しないと思えるなら、やはり黙って解決を祈りましょう。

伝聞で誰かに真実を伝えるのも、あまり賢明ではありません。その人に直接伝えるべきです。偏見や噂（うわさ）は真実を阻む壁です。

また、真実を伝えるタイミングも重要です。完璧なタイミングというのはほぼ存在しません。相手が深刻な問題を抱えているときに伝えるのはむごい仕打ちですし、幸福感のさなかに伝えるのも残酷です。結局のところ、ふだんからよい関係性を保ちつつ、話しやすい雰囲気をつくるしかありません。それには、常に対等な立場で接することが大切です。偏った関係性は、真実を告げることがそのまま破局をもたらします。

相手の立場から見る習慣も肝要です。なぜそのような行動、態度を取ったのかを考えれば、本音や感情の源泉にも思いが至るはずです。

謝るべきは謝る、そのような精神も重要です。もちろん、謝る理由もないのにとりあえず謝るという姿勢は、非もないのにずっと責められることになりかねません。自分が謝るべきだと思ったら、なるべく早くその気持ちを表現することです。自己弁明は、泥沼に深くはまるばかりです。

ただ、頑固で高慢な人は、自らの非を認められません。謝らず、反省もせず、人の過ちを裁くことで失敗の責任を他人になすりつけます。このような人に真実を告げたところで、お互いに得るものはありません。

人は何度も失敗という泥沼に落ちます。過ちを認めず弁明を続けることは、泥沼のなかでもがくようなもので、どんどん身体が沈んでいくだけです。非を認め、謝罪し、我が身を投げ出すことで、ようやく浮かび上がることができるのです。

また、真実を告げるときには、一緒に過ごす時間を長く取るべきです。短い時間でそのようなやりとりをすると、無駄にこじれてしまうだけです。リラックスし、特別なことは何もなくても有意義な時間のなかで、お互いにそばにいることを感謝しながら語りかけるのです。

第六章　求め合う

人は小舟のようなもの

人間は必要とされたい存在です。必要としてくれる港を慕う小舟です。それゆえ、自分がいてもいなくてもいいと感じられるような場所では、寂しさが心の深い傷になっていきます。

スペインの詩人フアン・ラモン・ヒメネスは、老境にさしかかった頃、庭に座り小鳥の鳴き声を聞きながら、「そして私は発つ　鳥はうたって残るだろう」と綴ったそうです。スペインの人には広く親しまれている詩で、私も口伝えでいつの間にか暗唱できるようになりました。たとえ私がいなくなっても、すべてが今までと同じように続くだろうという、はかない諦観を感じさせます。

人は、自分が自分であるという理由で、誰かに必要とされたいのです。暇つぶしのトランプの相手として必要とされたいわけではありません。自分がいないことに気づいて、探してくれる仲間がいると、小舟は港との絆を感じることができます。

小さなことで、この心の傷は痛みを感じます。自分がいなかった夕食会が楽しかったと聞くときに、自分がいなかった会議で重要なことが決まったと聞いたときに、ごく小さな悲しみに襲われます。自分という存在が必要ではないように感じられてしまうからです。

親にとって、子の自立は大きな喜びです。しかし、自分がいないと何もできなかった子どもたちが、今は自分を必要としていないばかりか、疎（うと）ましそうにさえしていると感じられたとき、そこには大きな喪失感がともないます。つないだ手の感触も、抱っこの重みも確かに身体が覚えているのに、もうそれが戻ってくることはないのだと、残酷に知らされる瞬間です。

人を必要としない高慢とエゴイズム

心の奥底にある自己は、人を愛することを必要とします。しかし浅いところにある自己は、高慢さやエゴイズムにより、人をあまり必要としません。

どんなに仲がいい親友でも、ときに疎ましくなったり、重荷に感じられたりすることがあります。自分を大切にしてくれる親友がほかにもいるからと、冷たく離れていく人もいます。離れられた側が悲しむことは知っていても、自分にとっては替えが利く、これはあらゆる愛を汚す冷たい高慢です。どんなものでもすぐに替えが利く、現代社会の影響なのかもしれません。

しかし、親の心は違います。三人の子のうち、一人を不慮の事故で亡くしてしまえば、親はすべてを失ったときと等しく打ちひしがれることでしょう。

親が子を思うように、友達のことを思うのは難しいかもしれません。それでも親の愛に少しでも近づけられれば、この親友を失ったらすべてを失うと本気で感じられれば、この世の中は明るくなるでしょう。

冷たいエゴイズムに汚されている人は、自分に益とならない人を軽く切り捨てます。フロムは、愛の本質は「与えること」にあると書いています。利益や見返り、お返しを求める愛は偽の愛です。「愛しているから必要だ」、それが愛の本質です。

利己的な人間は他人を、池を渡る際の飛び石のように扱います。誰かを踏んでいる間に、次に踏む人を探しているのです。次の石に飛び移れば、前の石のことなどさっぱり忘れてしまうでしょう。

エゴイズムと高慢は諸悪の根源です。家族の問題や、あらゆる人間関係の妨げは、この根源から生じてきます。戦争や不平等な貧困という人類の最も許せない罪の根源は、国々の指導者たちと市民たちのエゴイズムと高慢がもたらしています。その悪は、愛によってだんだんと乗り越えられていくのです。

純粋な人は、自らの愛の行いは、ただの自己満足にすぎないのではないかという疑念にとらわれることもあります。カミュの『転落』の主人公、やり手の弁護士だったクラマンスはそんな人物でした。友人の葬儀に立ち会った彼は、死者を悼む自分を演じる心の二重性を見抜きます。

違うんですよ、われわれの友人たちのなかでわれわれが愛しているのは最近死んだ者、痛ましき死者、自分の感動、要するに自分自身なんです！

（大久保敏彦 訳）

鋭い自己批評です。ただしその鋭さは、クラマンスの人生を大きく狂わせます。仮にその行為で相手が助けられているのなら、自己満足でもかまわないと開き直り、安心してその行いを続ければよいでしょう。そうすれば、心は自然に自己満足から清められるでしょう。

自己満足と偽善はどこからともなく心に入り込んで、純粋な愛を汚します。自己満足を目的とした行いは望ましくありませんが、結果として愛をもたらすのであれば、その満足感を否定する必要はありません。良心は、愛によって心の調和をもたらします。この調和と満足は、自己満足を求めた行為からは生まれません。

第七章　赦し合う

偽物の解放感

赦し合うことは、謙虚さと愛を深めますが、恨みや復讐は高慢さを高めます。ある人と距離を置いたほうがよい、そのような判断が必要な場合もあります。しかし、赦し合うことができるのに、その可能性を簡単に手放してしまえば、心は不調和をきたします。

確かに、赦し合うか距離を取るか悩むような関係性は、解消するために、偽物の解放感に身を委ねるよりほかありません。

復讐

復讐は、一時の感情を満足させるかもしれませんが、心を満たすことはありません。心の温かさのない正義は、平安をもたらさないからです。

正義の勝利を求めるのはすばらしいことです。しかし、正義を本当の勝利に導くのは、復讐ではなく、愛なのです。

これは、死刑制度にも当てはまります。犠牲者の家族は、死刑の執行によって感情は楽になるかもしれません。しかし、心はどうでしょうか。より虚しくなるかもしれません。赦すことを知る人は幸いです。私たちは、人からも神からも無数の赦しを得ているのに、その事実をあまり認識していないようです。知っていれば、もっと人を赦すはずです。復讐は、本能的な要求にも思えます。善には感謝を、悪には復讐をという行動様式は、多くの人の価値観に見合っているのかもしれません。

しかしながら復讐は、砂浜で人の目に砂を投げつけるような行為です。投げつけた砂は、海風に吹き返されて自分の目にも入ります。

旧約聖書の律法は、正義感を満たす復讐を認めます。モーセが書いた「命には命、目には目、歯には歯、手には手、足には足を報いなければならない」（申命記19：21）という掟は、「一本の歯には一本の歯」と復讐の大きさにけじめをつけてはいますが、復讐を認め、明らかに勧めてさえいます。

それに対してキリストは、「しかし、わたしは言っておく。敵を愛し、自分を迫害する者のために祈りなさい」（マタイによる福音書5：44）と復讐を否定しました。十字架で拷問される彼は、自分の苦しみをあざ笑っていた敵たちに天罰という復讐を願わず、「父よ、彼らを赦して下さい」と願ったのです。

復讐が復讐を呼ぶ、この悪循環により人類の歴史は復讐と戦争の歴史になっています。自分から赦し、復讐の連鎖を断ち切ることこそが人類愛です。

知り合いや同級生、親戚、同僚のような、それほど近しいわけではない人と、よくない関係が続いているのであれば、距離を取って付き合いをなくすのも一つの知恵かもしれません。ただし、その人についての批判はせず、欠点をなるべく考えないようにしましょう。悪いところを探したり、見下したりすることで、自分の心は虚しく汚されていきます。

過去の嫌な出来事は、忘れてしまいましょう。忘れることは自然の力なので、その流れを止めないことです。人に対する恨みを育てることは、川の流れを逆流させるように無理が起こります。忘れることは最高の赦しです。

しかし、過去の傷が非常に深かったならば、あるいはその人がいまだにこちらを傷つけてくるのならば、忘れたくても忘れられないでしょう。その場合でも、復讐をしないことです。その人の不幸を願うことも、間接的な復讐です。イエスはその人の本当の幸せを祈るという態度を勧めますが、弱い私たちは、自分の視界の外でその人が幸せになるように祈るだけでも十分なのかもしれません。

大切な人との赦し合いも難問です。対立する双方が「相手が悪い」「謝ってくれば赦すが自分から謝ることはない」と思っていることがほとんどです。片方だけが一方的に悪いことなどはほぼないので、自分から赦すことで問題はすぐに解消するのですが、それが簡単にできないことも理解できます。

相手に突然、侮辱的な言葉を吐かれた。そのことだけを見れば、悪いのは相手です。しかし、長年にわたって知らず知らずのうちに相手に負担をかけていた、苦しみに気づかなかった、気づいていたのに何もしなかった、そのようなことの一つや二つはあるはずです。話し合って、赦し合うことが和解の道です。

心からの赦し合い

心から赦すことには段階があります。

外見上は仲直りしているようでも、心のなかでは赦し合っておらず、互いに壁を築いているかもしれません。

相手を受け入れることができれば、傷の痛みは感じつつも、互いの改心を認め合えるでしょう。

再び信じ合うことが、最後の段階です。傷の痛みは小さくなっていても、また裏切られるかもしれないという疑念の火種はなかなか消えません。

何度も過ちを犯す相手を、条件付きで赦しはしても、犯した過ちは忘れないという人もいます。そうせざるを得ない状況もありますが、できることなら相手に反省の色が見える前に無条件に赦して、深い反省を引き出すことが望ましいでしょう。危ない橋を渡るようでも、寛大さほど相手の心を動かすものはありません。条件付きの赦しは、その人の立ち直りを促す力を弱めます。

表面的に赦しても、絶対に忘れないという方法を取るのは、心の浅瀬にいる自己です。愛に満たされることなく、高慢さに塗(まみ)れています。このような態度は、のちに家庭を壊すこともあります。神も家族も、心からの赦しを求めています。

赦していても忘れられない、というのは自然なことです。それでも姿勢そのものは心からの赦しに近づいています。天気、風景、風の匂い……さまざまなことがその出来事を連想させ、傷が痛みますが、なるべく考えないようにしていればいつか傷は癒えていきます。

深いと思った傷や、消えないと思った侮辱も、いつの間にか、さほどひどくはなかったと思えることもあります。考えすぎが、現実を過大にしてしまうこともあるのです。

スペインには「逃げる敵には銀の橋を架けよ」という格言があります。逃亡する敵を討ち取ろうとするのではなく、むしろ楽に逃げさせてやれ、という意味です。

私ならこれに「戻る友には金の橋を架けよ」と付け加えます。友達が気楽に戻れるように、仲直りの姿勢という金の橋を架けてあげるのです。

ほとんどけんかをしない人は、赦し合いと仲直りなど要らないと思うでしょう。しかし、けんかをしなくても互いが少し離れていくこともあります。二人とも愛の初心から遠ざかっていくこともあります。そのような場合にも、前向きの姿勢で仲直りすることが大事です。

あわてないで信じる

まず、自分自身を信じるのです。完璧な人間などいないし、誰にも愛されるだけの魅力があり、認められるだけの価値があります。この謙虚な自信を失ってはいけません。自分を謙虚に信じられない人は、大切な人からの愛をも信じられないかもしれません。

自分自身を信じ、そして、相手を信じるのです。怒りのさなかには、相手の悪いところしか見えません。でも少し落ち着いてからなら、相手の心を徐々に信じることができるようになります。

さらに、二人を結びつける愛の絆を信じるのです。手遅れになる前に空気を吹き込めば、愛の炎は再び勢いを取り戻します。だんだん離れつつあると感じ始めたら、なるべく早く空気を入れてあげないと遠い距離に慣れてしまい、戻りたい気持ちはだんだんと弱くなるでしょう。人間は幸か不幸か、そのときの状態に自ずと慣れるのです。多くの囚人たちは、酒や麻薬や賭博などに溺れて刑務所に入ります。それらがないと生きていけないと思っていた彼らは、それらがない刑務所でも生きている自分にじきに気づきます。同じことで、悪しき距離に慣れきってしまうのは危険です。

人の性格はあまり変わりません。しかし、相手の最も嫌いなところは、たいていは最も直しにくい欠点です。相手からもそう見えているでしょう。これまでの諍いも、これからのいざこざも、そこから起こります。

あきらめて受け入れ合うしかありません。あきらめるといっても、その人を見放すのではなく、その部分をも受け入れるという前向きなあきらめです。

深く傷ついた直後は、恨みと絶交しか考える余裕がないでしょう。けれども、しばらくたって怒りがやや収まった頃に、自分の前に二本の道が開かれます。恨みと絶交につながる道の傍らに、仲直りへの道も現れます。どちらの道を歩き出すべきかは明白です。

エゴイズムと高慢に塗れた浅瀬の自己は、恨みにつながる道を選びたがるでしょう。愛したいという奥底の自己は、その人をもう一度受け入れて信じるという和解への道を歩きたがるでしょう。

和解を強く望むだけで、和解への道をすでに歩き出しています。仲直りを強く望めば、何とかなります。望まなければどうにもなりません。

どうしても仲直りを望めないときは、仲直りを祈るのです。祈りの根本は、何かを深く望むということです。神に向かって、あるいは奥底の自己に向かって、または自分を超えた神秘に向かってその望みを開くことが、祈りになるのです。

その相手が自分にとっていかに大切な人かという真実を、祈りはより深く感じさせてくれます。相手の立場からも問題を見つめ、相手の悩みを理解して、心に温かさが湧いてくるでしょう。祈りは、仲直りをより強く求めさせてくれるでしょう。

また、仲直りを試みる前に、相手が過去にしてくれた親切、差し向けてくれた優しさを思い出して、感謝で心を温めておくことも有効です。あえて、そのことを口にすればかえってわざとらしくなってしまいますが、黙って自分の心を温めておけば、たとえ口論になってもじっと耐えられるはずです。

時間を置く

事実を冷静に見つめるためには、ある程度の時間が必要です。起こった出来事、二人の性格、話す雰囲気、精神状態などによってその長さは自然に決まることでしょう。

けれども、長さよりもその時間の使い方のほうが重要です。自分の一方的な正しさを肯定し、相手を否定してその時間を過ごすのであれば、その時間は無意味です。自己弁明を攻撃のために、そして時間をそのために使うべきではありません。

相手の言葉と行いを悪いように解釈し、相手を心中で裁くうちに、相手から心は離れていきます。いつか和解ができたとしても、一方的に相手を裁きつづけたために、相手に対する尊敬や信頼、興味はかなり弱まってしまっています。

解決を焦らず、相手を信じられる自分になるのを待つことです。

少し冷静になってから、相手にゆっくりと近寄っていきましょう。問題に触れなくてかまいません。心にふたをして、さりげないことを話せば、内面の隔たりを感じていても、二人の心はやや近くなるはずです。機械に油を差すように、安全なコミュニケーションから始めるのです。

自分の価値観や嗜好を基準に考えるのではなく、相手のものの見方を想像し、その価値観に沿って歩み寄りの方針を立てることも有効です。今はまだ互いの心の一致を望めなくても、いつかは来る一致のときを目指して、つながりを保つことが重要です。

人づてでもよいので、少しずつ、「仲直りを望んでいる」というシグナルを送りましょう。和解したとき、友情の実りはいっそう大きなものになるでしょう。

第八章　信頼が生まれるとき

不信と愛との両立

信頼は愛から生まれ、愛を深めます。愛されていると信じられる人は、喜んで相手を愛します。しかし、愛を信じてもらえなければ、その愛は孤独の海を漂流することになります。

自分に深い傷をつけた人を、また信じることは簡単ではありません。その人が謝り、その人を赦して受け入れたとしても、再び信じられるかどうかは別です。いつかまた裏切られるかもしれないという不信感は残るからです。

深い不信と愛は矛盾しています。相手を信じていなければ、相手を愛しているとはいえません。

確かに、欠点が多くて意志の弱い人間という生き物を、完全に信じることは不可能です。それでも愛することはできる。しかし、あまりにも強い不信は愛と両立できないでしょう。

それでも、自分から相手への愛、相手から自分への愛を感じることができ、それが信じられれば、不信の強さは愛と両立できるところにまで下りていくでしょう。

嘘と約束の反故は、信頼を損ないます。また、過去にこだわりすぎることも、愛の妨げになります。現在の愛よりも、過去の傷を大きくとらえてしまうからです。

ペトロはイエスを裏切り、謝りに戻りました。ペトロを赦したイエスは「わたしを愛しているか」と三回も聞きました。過去ではなく、現在を問うています。

「はい、主よ、わたしがあなたを愛していることは、あなたがご存じです」と言うと、イエスは、「わたしの羊の世話をしなさい」と言われた。

（ヨハネによる福音書21：16）

過去の罪を忘れて、人を大切にする。それが神を愛することになるのです。

今を生きるという姿勢は、人に対する信頼を深めます。

物事を悪いほうに解釈する癖は、不信を強めます。親切を受けて、素直に感謝する人と、親切の裏にある動機に思いを巡らせる人とでは、どちらが人を信じることができるか、言うまでもありません。洞察や勘のよさを自認する人ほど、勝手に不信感にとらわれてしまいがちです。

信じすぎずに信じる

人を信じすぎれば人に騙されることもあります。でも人を信じなければ、人は離れていきます。

目を開いて心を閉じる。これはその人を見て信じないことです。

心を開いて目を閉じる。これは、その人の行動を見ずに信じすぎることです。

心も目も開く。これはその人の行動をしっかり見ながら、信じようとすることです。

信用できる相手であれば、信じないよりは、信じすぎて裏切られたほうがましです。裏切られたときの傷は大きくとも、信じるべき相手も信じられない人生は虚しいだけです。

裏切った人は自分の心を汚しますが、裏切られた人の心は汚れないからです。

心は精神的な活動の源泉であり、生き方を定める内面的な力です。心が汚れていれば、すべてが汚れて見えます。心が美しければ、物事の美しいところも見えます。

心が澄んでいれば、目に見えない本当に大切なことも見えます。澄んだ心は自己中心的なことで悩みすぎず、本当に大切なことだけで悩みます。

心が美しければ、他人の心中の涙も見えるでしょう。「戻る友に金の橋を架ける」ことでしょう。

「だれかがあなたの右の頬を打つなら、左の頬をも向けなさい」（マタイによる福音書5：39）という言葉は、復讐の螺旋（らせん）を断ち切ること、正当防衛のためであっても力を使わず、非暴力を貫くことを勧めています。

「自分に悪いことをした人を信じなさい」という意味をも含んでいます。裏切った人が謝ってきたら、その人を信じて受け入れなさいという勧めでもあります。また打たれるかもしれないとの覚悟をもって、その人を信じて受け入れることが、「左の頬をも向ける」ことになるのです。

しかしながら、忍耐には限界もあります。また、自分の優しさはその人のためになるとは限りません。いつまでも人を赦して信じてさえいればよいのでしょうか。

イエスは「七回どころか七の七十倍までも赦しなさい」（マタイによる福音書18：22）と答えましたが、「真珠を豚に投げてはならない」（マタイによる福音書7：6）とも付け加えています。この言葉にもいろいろな解釈がありますが、人を信じないほうがよいときもあるという意味が含まれています。
「真珠」は、自分の信頼を意味します。「豚」は、狡猾な手を使ってこちらを騙そうと思って近寄る人です。このような「豚」は、「それを足で踏みにじり、向き直ってあなたがたにかみついてくるだろう」（マタイによる福音書7：6）。つまり、信頼は仇になり、深い傷をもたらすこともあるのです。

真珠を与えられ貪った豚もまた、病気になるでしょう。優しさが常にその人を救うわけではありません。あまりにも腹黒い人たちとは、なるべく距離を取るのがお互いのためです。

そこまで腹黒いわけではなく、意志が弱いだけの人もいます。その人をないがしろにすることなく、打たれるかもしれないとわかっていても受け入れ、信じることです。左の頬を向けるしかありません。

ただ意志の弱い人と、狡猾な人を見分けるのは難しいことです。当初の印象は当てになるとは限りません。さまざまな角度からその人をじっくり見ることが必要です。

人の心にある善を見るためには、自分の価値観を見直すことも大事です。価値観は勘を鋭くも、鈍くもします。富や名声に惹かれる人は、財産や肩書で他人を無邪気に信じてしまいます。そこにつけ込んでくる人は少なくありません。

富や名声を過度に求めない人は、弱い人に寛大に、強い人には用心深くなります。ただ、自分を弱く見せて騙そうとする人もいるので、心と目の両方を開くことが肝要です。

第九章　忍耐とは何か

明るい忍耐

愛は忍耐を強め、忍耐は愛を清めます。

人間には欠点が多いので、自分に近い欠点を持つ人と衝突するのは当然です。それゆえ、受け入れ合って譲り合って生きるためには、忍耐が必要になります。

忍耐は、試練を乗り越える最大の力です。囚人たちが刑務所の礼拝で最も望むのは、忍耐する力です。

忍耐という言葉には重く暗いイメージがありますが、忍耐は明るいほど強いのです。相手の欠点を我慢しているという自覚が強くなければ、さほどの忍耐ではないでしょう。かなり我慢していることに気づいていても、そのことを気にしすぎなければ、その人の忍耐は明るいものとなります。寛大で余裕のある人ほど、忍耐は明るくなる一方で、大してつらくない状態なのに大きな我慢を強いられていると思う人の忍耐は、重く暗いものになります。

では何が忍耐を明るくしてくれるのでしょうか。

・信頼

反抗期の子どもや頑固な高齢者と接するときは、理不尽な思いを覚悟し、何を言われても感情的にならない忍耐が必要です。

その忍耐をもたらすのは、それでも相手が自分を愛しているという信頼です。いつでも戻ってこられるように橋を架けて、じっと待つ、そのような態度が忍耐を明るいものにします。

・希望

病気や事故、事業や生活での失敗がもたらす不幸を耐える忍耐は、希望を持ちつづけることが力となります。

厳しい節約は、いつか手に入れる家があるから耐えられます。厳しい勉学は、希望の学校に入ってからの生活があるから耐えられます。つらく単調なリハビリは、自由に歩ける日々が待っているからこそ耐えられます。囚人の希望は、今度こそ家族を幸福にすることです。

・知恵

問題の解決には知恵が必要です。また、その問題に解決法がないことを教えてくれるのも知恵の働きです。

解決がない問題は、忍耐とともに時間の過ぎるのを待つしかありませんが、解決があるかないかわからない状態で待つことは、想像以上に厳しいものです。

アメリカの神学者、倫理学者ラインホールド・ニーバーは、一九四三年の夏、マサチューセッツ州の山村にある小さな教会で説教した際に、このような言葉を残しています。

神よ、
変えることのできるものについて、
それを変えるだけの勇気（カレイジ）をわれらに与えたまえ。
変えることのできないものについては、

それを受けいれるだけの冷静さ（セレニティ）を与えたまえ。
そして、
変えることのできるものと、変えることのできないものとを、
識別する知恵（ウイズダム）を与えたまえ。

（大木英夫 訳、大木『終末論的考察』より）

解決できる問題に勇気を、解決できない問題に諦念と落ち着きをもたらしてくれるもの、それが知恵なのです。

・余裕

つらい境遇でも、必ずそこには明るい部分もあります。そこに目を向けさせてくれる余裕も、忍耐を続ける力の一つです。

ボトルに残ったワインを見て「もう半分しかない」と考えても、「まだ半分もある」と思っても、量は変わりませんが、心は後者のほうが明るくなるでしょう。

雨が降ればレジャーは難しくなりますが、身体の疲労を取ることはできます。草木には

恵みとなり、回り回って自分の益にもなります。

失敗もまた、余裕の源泉となり得ます。挫けず立ち直ることができれば、次の試練を乗りきる力となるからです。この経験は忍耐を明るいものに変えてくれます。

苦しみの価値

遅かれ早かれ、苦しみや痛みは誰にも訪れます。その苦しみと痛みには、はたして価値があるでしょうか。

人間がなくそうとしている痛みや貧しさなどには、何の価値もなさそうです。しかしイエスは、心の貧しい人や、悲しむ人は「幸いである」（マタイによる福音書5：3）と言っています。

苦しみが天国で幸福に変わると言っているのではありません。苦しみは、この世の幸せにつながっていると言っているのです。

イエスの説く真の幸せは、神と愛し合い仲良く生きること、人間と愛し合って仲良く生きること、自然と愛し合って良く生きることに尽きます。

真の不幸は罪です。罪を犯すことは、自分の心をも裏切ることです。罪は神からも、人間からも、自然からも自分を遠ざけます。

富や名声は、真の幸福ではありません。健康は非常に大切ですが、健康よりも大切なのは、愛です。

悩みや苦しみは謙虚さを深めます。謙虚さは人間を愛に近づけます。小さな失敗やちょっとした風邪でさえ、人を謙虚にさせます。新型コロナウイルスは、森羅万象をもコントロールできるかのようにふるまう人間に、謙虚さをもたらしています。

苦しみや貧しさは感謝の精神を深めます。感謝は人間を愛に近づけます。裕福な人は、贈り物を内心では大して喜ばないかもしれませんが、貧しい人は強く喜びます。貧しい人のほうが感謝を強く持ち、愛に近づきます。

苦労を知る人は、苦労をする人に共感と連帯意識を抱きます。分かち合いの精神は、愛とつながっています。マザー・テレサはコルカタ（カルカッタ）のスラムで、一人の母親に大きなパンを贈りました。その母親は、自らの家族一〇人が三日間ほとんど何も食べていなかったのに、パンの半分を隣のもっと貧しい家族に渡しました。

もちろん、非人間的な貧困を認めるべきではなく、なくす努力をすべきです。非人間的な貧困にあえぎながら、それでも分かち合う心を失わないことに、私たちは真に人間的な愛を見るのです。

愛の痛み

愛し合うことは、ときに痛みをもたらします。しかし愛のなかでは、その痛みは苦痛ではありません。重病の子どもに付き添う親は、自らの身体にも大いに負担をかけているはずですが、そのこと自体は苦痛ではなく、子どもの苦しみだけが苦痛なのです。同じ苦痛を、愛していない人に感じることはできないでしょう。

人の成長を待ち望み、信じて、それに協力する愛は、忍耐を明るくします。

ある人がぶどう園にいちじくの木を植えておき、実を探しに来たが見つからなかった。そこで、園丁(えんてい)に言った。「もう三年もの間、このいちじくの木に実を探しに来ているのに、見つけたためしがない。だから切り倒せ。なぜ、土地をふさがせておくのか。」園丁は答えた。「御主人様、今年もこのままにしておいてください。木の周りを掘って、肥やしをやってみます。そうすれば、来年は実がなるかもしれません。」

（ルカによる福音書13：6〜9）

この園丁には、木を信じて実りを待ち望む忍耐があったばかりでなく、木の成長に協力したのです。山登りの途中で遅れ始めた仲間がいたら、先に山頂に行って待つのではなく、歩みを落としてともに登ることで、その道のりは何物にも代えがたい価値をもつことでしょう。園丁にとって育ちの遅い木の世話をすることは、明るい忍耐だったはずです。

第一〇章　分かち合い

心を満たす喜び

ともに明るく生きる二人の愛は、自然に深まります。

何事も喜んで行うという姿勢が、明るさをもたらします。とはいえ、すべてのことを喜んでしようとすれば、精神がもたないでしょう。主な人間関係、主な仕事、信念や夢にかかわること、大事にしている趣味など、自分にとって重要なことすべてに、喜びを持って向かうということです。

一生懸命にことに当たることも大事ですが、それを喜んで行うほうがもっと大事です。一生懸命であっても喜んでいるとは限らず、むしろ愚痴をこぼしながら行っている人も多いはずです。この姿勢は愛を深めません。

喜んで行うことは、一生懸命さを自然ともたらします。

つかの間の遊びで得られる喜びよりも、なすべきことを喜んでしたときに得られる喜びのほうが、はるかに大きいものです。心の奥底の自己が喜んでいるからです。

私は囚人たちにもこのように語りかけています。あなたたちの境遇はつらいものですが、それでも心からの喜びを引き出してください。簡単なことではありませんが、釈放されて現実の厳しさに直面したときにこそ、その力が必要となるからです、と。


本当の喜びはお金で買えません。お金さえあれば何もかも手に入るこの世の中ですが、純粋な喜びは買えないのです。

悩みや苦しみは心の浅瀬に浮かぶ楽しみを消すことはあっても、本当の喜びを消すことはありません。本当の喜びは、深くて、地味で、感謝を抱かせるものです。

純粋な喜びは、自己満足を求めた行いからは生まれません。よい行いの結果として満足が得られるのです。それは調和の喜びです。

喜べない理由

よいことをしていても、喜びを感じられないこともあります。

しかし、そのときにうれしさを感じなくても、心の底に喜ばしい平安は潜在しているでしょう。お母さんの胸に抱かれている赤ん坊が、平安を意識することはありませんが、間違いなく平安のなかで自足しています。よい行いが抱かせる喜びもまた、意識よりも深いところにあるものです。

さまざまなものが喜びを妨げますが、孤独は最たるものかもしれません。自分を愛して待っていてくれる人がいない、という孤独です。無縁社会と呼ばれるように、家族や友人を持たない人が増えているなか、喜びも感謝もできない境遇の人たちのことを考えると胸が痛みます。神はその人たちのことをいつでも待っていますが、そのことに気づかない人も多いのかもしれません。

待っていてくれる家族、友人、家、ペット……それがある人は幸福です。待っていてくれるものたちに、深く感謝すればよいのです。自分に対してよくない行いをする人たちについて考えることで、感謝の時間が減るのはもったいないことです。貴重な時間は、自分を愛し、待っていてくれる存在について思いを巡らせることに使えばいいのです。それが、清められた喜びをもたらすことでしょう。

一時的な理由で喜べないときもあります。

体調が悪い、何もかもうまくいかない、そんなときには、喜ぶ余裕もなくなるでしょう。

そのようなときは、忍耐と希望を引き出して、今は喜びを感じられなくても、いつか好転すると信じてどうにか歩きつづけることです。

他人のせいで喜ぶことができないときもあります。感謝されるどころか、不公平な扱いで苛められたり、利用されたり、無視されたり、裏切られたりすることもあります。

その場合、やはり心から忍耐と信頼を引き出せば、喜びを感じられなくても、どうにかして歩きつづけられるのです。

苦手な人と付き合わなければならないことがあります。その人と一緒に仕事をしなければならないこともあります。その人を世話しなければならないときもあります。その人のよい側面を見るようにして、喜びを感じられなくても歩きつづけるしかありません。

自分自身のせいで喜びを感じられないことが、最も深刻です。

良心を裏切っているのなら、外から来る楽しさを感じても、なかから湧き出る深い喜びを感じられないでしょう。自分の内奥にある自己から離れていれば、深い喜びは感じられないからです。

心が望まない価値観に従って生きていると、必要以上にお金や出世を求めて働き過ぎ、ストレスに負けて生きる余裕を失い、すべてを呪いながら生活することになります。

喜びを感じられない状態が続くことは、深刻な病いをもたらします。もっとゆっくり生きるようにしなければ、健康も家族も、自身の心も傷つき、自分自身を失うことになるかもしれません。

深い喜びを感じさせる生き方こそ、至上の生き方です。

第三部　高め合う

第一一章　向上心

情熱と向上する心

愛は向上心を深めます。愛し合っている二人は、自然に互いを高めます。

向上心はより優れた状態を目指そうとする心です。

自分の得意な分野で出世を果たしたいという情熱は、高慢にも映りますが、すばらしい憧れです。向上することよりも、目立たないでいることを選ぶ気持ちは、謙虚さから生じるのではなく、怠慢や臆病から生まれているかもしれません。

子どもは自然に向上を望み、挫折を知らない若者も向上を望みます。しかし、ある程度の経験を重ねると、努力が必ずしも報われないことを学んでしまいます。向上よりも維持を、新しいことよりも慣れ親しんだ習慣を望みがちです。心から常に向上心を引き出すことは簡単ではありません。

あるワークショップで、最前列から何度も質問し、熱心にノートを取る九四歳の神父の姿に感銘を受けたことがあります。自身の経験だけでも、残りの人生を乗りきることは容易だったはずです。ワークショップの内容は忘れても、あの神父の姿を忘れることはできません。

向上する目的

富や出世を目的にするよりも、心が望み、心を満たす目的を選んで向上したほうがよいのは言うまでもありません。

しかし、その目的とは一体何でしょうか。目的も、そこに至る道筋も、はじめは見えていません。それでも歩みを止めずに、時々は立ち止まって振り返っているうちに、真の目的とそこに至る道筋が見えてくるはずです。

カミュの『ペスト』には、死に至る疫病の蔓延により、麻痺（まひ）状態に陥った公共に代わって、民間の保健組織結成を志願する風変わりな無神論者、タルーが登場します。彼の目的は病苦から人を救うことだけではなく、万策尽きて最後のときを迎えた人々に、尊厳と平安を与えることにありました。彼は「神なき聖者」が存在し得るかを、自らの命を賭（と）して説いていました。タルーは医師たちとともに見えない敵と闘い、最後は自らもペストに罹（かか）

り命を落とします。

正直なところ、彼の問いは私にはそれほど重要には思えません。彼が真の目的に向かって歩いていたことこそが重要で、彼自身は信じることができなかった神が、歩く彼の傍らを常に歩いていたはずです。

成長と自己実現は、向上心の目的ではなく、向上への努力の結果です。向上そのものの目的は、誰かの助けとなることです。人が助かるために、自分を改善することが手段となります。このことをイエスはこのようにたとえています。

天の国はからし種に似ている。人がこれを取って畑に蒔けば、どんな種よりも小さいのに、成長するとどの野菜よりも大きくなり、空の鳥が来て枝に巣を作るほどの木になる。

（マタイによる福音書13：31〜32）

からし種が生長して大きな木になれば、鳥が来て一休みし、枝の上から餌を探すことでしょう。木の支えを心地よく感じれば、鳥は巣を作りずっとそこに留まるでしょう。

からし種は自己満足のためでも、ほかの木と争って鳥たちを多く呼び込むためでもなく、安息を必要とする鳥の助けとなることを求めます。それが種から木への成長を促します。

姿勢

偉くなりたい者は、皆に仕える者になり、いちばん上になりたい者は、皆の僕（しもべ）になりなさい。

（マタイによる福音書20：26〜27）

驕（おご）らずに、人が助かるために人に仕えるという姿勢が、向上のための鍵です。ときにライバルの存在が、向上心を刺激することもあります。ただ、強すぎる対抗心は驕りや妬みを生みがちです。人は人、我は我の精神で着実に努力していくことが重要です。日本には「実るほど頭（こうべ）を垂るる稲穂かな」という言葉がありますが、謙虚であれば、向上すればするほど謙虚になります。謙虚でない人にとっては、へりくだることは屈辱ですが、謙虚な人にとっては自然な姿勢でしかありません。

しかしながら、人を大切にするあまり、自分という水差しにワインを注ぐことを怠る人は、すぐに空になって何もできなくなってしまいます。

かといって自分を大切にするあまり、水差しのワインを誰にも分け与えなければ、そのワインは酸化するばかりです。

ワインでいっぱいに満たした水差しを、テーブルに置いておけばいいのです。飲みたい人は飲む、そうしたらワインを注ぎ足せばよい、こうすれば水差しのワインは常に新鮮です。

このような姿勢が、自己愛と人間愛とを両立させます。自分のために生きるのか、人のために生きるのかというジレンマは自然に解消します。

人生は誰にとっても夜の森のように鬱蒼(うっそう)とし、先の見えない道行きです。その闇夜を裂くように、人の向上心が花火となって大地をひととき照らします。その明かりで、みなが少しずつ歩みを進めることができるのです。

花火の光明は一瞬ですが、みなが打ち上げつづければ、闇は克服可能なものとなります。それぞれの人が上げられる花火の数や、その輝きは異なりますが、向上心を忘れなければ打ち上げることができるのです。

私は若い頃に、ハンセン病療養所で実習を受けたことがあります。ある目が不自由な男性は、一年ほどお金をコツコツと貯めて、小さな扇風機を買おうとしていました。ところが、同室の人が手術で右足を切断することになると、扇風機のためのお金で部屋に小さなテレビを買いました。その人自身の目は、テレビを見られないにもかかわらず。

この人が打ち上げた小さな花火は、今も私の道行きを照らしてくれています。またこの花火は、私も花火を上げたいと思う刺激にもなりました。

誰からも称賛されない花火は、神が見ています。神は隠れたものを見ます。

精神的に落ち込んで、自分の花火を打ち上げられずにいる人は、決して人生を無駄にしているわけではありません。一休みをしているだけです。いつか必ず、向上心と元気が内側から湧き出るでしょう。

第一二章　生きる夢

夢は人生の糧

夢は向上心の原動力になります。夢は生きがいや生きる目的、追い求める理想や憧れです。これは向上していくための根です。

心が望む、心を満たす憧れは精神的な「根」になります。砂漠の花は星の王子さまに、人間たちを指して「風があちこち連れていくのよ。根がないんだもの、ずいぶん不便でしょうね」（サン＝テグジュペリ『星の王子さま』河野万里子訳）と言いました。人間は物理的な根がなく、自由に動けるのですが、精神的な「根」のない人間は、落ち着かないで風に動かされるままです。

現代人は多忙ですが、必要なことを行うために忙しいのではなく、自分を大きく見せるために不要な仕事や付き合いを抱え込んでいるようにも映ります。忙しさから得た実りを楽しむ余裕まで失い、生きることの喜びさえ失ってしまえば、何のための忙しさなのでしようか。

根は生きる余裕の源泉です。しかも、夢につながる道を歩く人にとっては、道に迷い道から外れたときの、戻るべき道となります。

根は愛しい人、仕事、芸術、趣味など、自分の外にあるものではありません。自分自身のなかにある情熱です。愛の対象ではなく、その対象を愛する人の内面的な熱意です。

よく聞きなさい。種を蒔く人が種蒔きに出て行った。蒔いている間に、ある種は道端に落ち、鳥が来て食べてしまった。ほかの種は、石だらけで土の少ない所に落ち、そこは土が浅いのですぐ芽を出した。しかし、日が昇ると焼けて、根がないために枯れてしまった。

（マルコによる福音書4：3〜6）

真夏の太陽は、麦の穂を焼かんばかりに照りつけます。しかし根を張った麦は、土から水を吸い上げ自らを潤し、枯れることなく黄金色に実ります。しっかりと根を張っている人は、厳しい試練に遭っても枯れることはないのです。

夢の種類

夢を追うという行いは、航海にも似ています。水平線の彼方を求める者も、上陸する島々を求める者もいます。

水平線の彼方を夢見る人は、夢を求めることが生きる目的となります。与えられた命の限りに、夢を求めつづけるのです。港を振り返れば遠く離れたようでも、水平線を望めばその距離は常に永遠です。目的地はなく、航海そのものが目的です。幸福は目的がもたらすのではなく、目的へと向かう過程にあります。

誰かのために何かをしたい。社会のために何かを成し遂げたい。この夢に終わりはありません。キリストのように生きたい、これも同様です。

もっといえば、キリストが私の内側に生きていてほしいという夢もあり得ます。これは水平線の彼方を目指すのではなく、水平線とともにありたいと願う夢のかたちです。

たとえていえば、バレリーナやフィギュアスケーターが、音楽に合わせて踊るのではなく、音楽そのものになることを目指すようなものです。音楽が跳ねれば跳ね、回れば回る。音楽に満たされ、音楽と意思を一つにする。そのように神と生きたいという願いのありようです。

水平線に対して島々は、具体的で一時的な目標です。島にしばらく滞在し、また次の島を夢に航海に出ます。合格、学問成就、就職、結婚など、人生には多くの島々がありますが、いずれもゴールではありません。

夢を求めつづけるためには、元気さだけでなく、目標がつぶれてしまったときにもう一度元気を奮い起こさせる情熱が必要です。ヘミングウェイの『老人と海』の主人公サンチャゴは、三日の死闘でしとめたカジキを、すべてサメに食べられ、サメとの戦いでナイフをも失います。打ちひしがれ、家で一晩寝た老人は、翌日には孫を誘い釣りに出かけます。カジキは彼にとっては島ですが、島は一つではないのです。

ナチスにより強制収容所に送られ、家族の多くを失ったヴィクトール・E・フランクルは、著書『夜と霧』で人間の根源にある憧れについて考察しています。収容所では、出世や権力への切望は意味を持ちません。生き残りたいとは思っても、性欲に突き動かされることもありませんでした。

フランクルは「意味」の探究が最も根源的な憧れだと考えました。生きる意味を見失った収容者たちは、自殺するか、飢えと寒さに倒れていきました。生きる意味を失わなかった人たちが、かろうじて生き残ったのだ、と。

不条理と向き合うとき

しかし、抱いた目的が実は無意味であったということも、現実にはあり得ます。意味のある目的のためなら、苦しみに打ち克つ力を持つ人でも、目的に意味がないという不条理は、簡単に受け入れることができません。

カミュがこの問題と正面から向き合ったのが『シーシュポスの神話』です。神を欺いたシーシュポスは、大きな岩を山頂まで運ぶという罰を受けます。しかもその岩は、山頂に置かれるや否や山肌を転がり落ちてしまい、シーシュポスは際限なく岩を押し上げることになります。

毎日の仕事や家事も、かなりの部分はこのような労働です。皿を洗うのは、再び皿を汚すため。服を洗うのは、再び服を汚すため。

シーシュポスはこの不条理を受け入れます。転がり落ちた岩まで下りた彼は「すべてよし、と判断」します。そしてカミュは、「頂上を目がける闘争ただそれだけで、人間の心をみたすのに充分たりるのだ。いまや、シーシュポスは幸福なのだと想わねばならぬ」（清水徹 訳）と書いています。

ノーベル文学賞を受賞したカミュには、「彼は、希望する根拠のない世代に、根拠の要らない希望を抱かせた」という賛辞が贈られました。第二次世界大戦が終わり、巨大な「目的」を失った世代を肯定する闘争を、彼は文学の力で成し遂げたのです。

この闘争は確かに立派です。とはいえ、シーシュポスのような勇気を引き出せず、岩を繰り返し運ぶことで心を壊す人も少なくありません。

そのような人は、ただ黙って繰り返しに耐えるのではなく、情熱に火をつけるささやかな火花を探したほうがよいかもしれません。

火花は厳冬で冷えきったエンジンをも動かします。春風、花、子どもの笑い声、食べ物……どんなものでも火花になり得ます。

火花そのものは、夢を求める原動力ではありません。生命力や情熱が再び動きだす、そのきっかけをくれるものです。

素直な人は、火花を穏やかに受け入れます。物事のよい側面を見て、人の行いと言葉をよく解釈しようとする寛大な人にとって、ささやかな火花を受け入れることは難しくありません。焦らず、無理に頑張らず、ゆっくりと歩きつづければ、何らかのかたちの小さな火花を感じられるときが来るでしょう。

誰かの火花になる

チャップリンの『ライムライト』は、道化師とバレリーナの話です。バレリーナを目指す娘は、そのレッスン代を姉が娼婦となって払ってくれていたことを知り、ショックでその脚が麻痺を起こします。道化師はそんな彼女を介抱します。

彼女を励ました道化師は、かつてはイギリス一と称されたにもかかわらず、挫折から酒に溺れる毎日でした。道化師をやめようとする彼を、バレリーナは必死で励まします。励ましに熱が入り、ふと自分の脚が動いていることに気づきます。バレリーナになることをあきらめていた彼女は、再び踊り始めるのです。

彼女は道化師の火花になろうとしました。その火花が自らに跳ね返り、再び夢を追いかけることができたのです。このように、誰もが誰かの火花になり、誰かの火花を受け入れているはずです。

第一三章　謙虚な自信

謙遜とうぬぼれ

向上心が湧いてくるためには、自信が必要です。

信じていれば何事でも成し遂げられるわけではありませんが、信じなければ何もできません。外から見て自信にあふれている人でさえ、心の内では自信を持てないで落ち込んでいるかもしれません。

謙遜はすべての徳の支えになり、向上心の支えにもなります。謙虚な自信は最も望ましいものです。

謙虚な自信とは、自分が完璧とは程遠い人間だとわかっていて、それでも自分には愛されるだけの魅力があり、認められるだけの価値があると信じることです。

これができないと、人からの愛を疑い、愛の証明を求めすぎて、嫉妬心にさいなまれることになります。

無理をしてへりくだることは、謙虚さではありません。実れば自然と、稲穂は頭を垂れるのです。軽い稲穂ほど伸び上がります。

うぬぼれの強い人は、自分の長所を基準にして人の価値を定め、自分自身を上の立場に置きがちです。自分の長所と他人の短所を比較して、人を見下します。

謙虚さとは、自分と相手の長所を尊重する態度のことです。この態度でいる限り、無用に苛立つことはありません。自分が正しいと思いたがる人ほど、他人の長所を邪魔物とみなし、苛立つのです。

自信の土台

自信を失う原因の一つは、自信過剰です。

実際の能力に見合った立場に満足しないで、根拠もなく自分を高い立場に起きたがる人がいます。しかし、周りの人はそれを認めてはくれません。認められない自信は、極端な行動を導きます。難易度の高すぎる行動や、容易すぎる行動に走り、その結果としてさらなる劣等感にさいなまれます。劣等感から、逆に他人を見下すこともあります。友人を同じような劣等感に引きずり込むために、その人の悪口を言いふらすことさえも。

劣等感を解消する糸口の一つは、自分にどうしようもなく欠けている部分をあまり見ずに、長所に感謝し、その長所を生かしきってみるということです。そのうえで、長所に満足しきらずに、欠けている部分を満たす努力をすればいいのです。

しかし、劣等感を解消させる最大の要因は、欠点を受け入れてくれる人々の存在です。家族や友達がそれを自然なものとして扱ってくれれば、劣等感は小さくなります。受け入れてくれるのは家族や友達ばかりではなく、神であり、奥底の自己でもあります。自信の土台がしっかりしていないから、自信を持てないこともあります。自信の土台となるのはどのようなものでしょうか。

・実力

緊張して実力が発揮できないことはままありますが、不安を消すまで努力できていれば、過度な緊張はしないものです。つまり、それが実力です。

・自己評価

人から認められれば自信がつきますが、人から評価されるまでに、自分を評価し、それを聞き入れるべきです。

自己評価の低い人は、欠点や過ちをそのまま肯定してしまいます。自己評価が正しくできていれば、自分の怠惰や不正を認めることはありません。いわば、過ちを犯す直前の正当な自己嫌悪が、向上心を支えるのです。

・成功

成功の経験と思い出は自信の土台になります。

失敗しても、わずかでも成功した経験は、自信を取り戻させます。

・誠実さ

奥底の自己に対して誠実で、誰が何と言っても自分の本心を裏切らない姿勢は、自信の丈夫な礎（いしずえ）になります。

・かけがえのなさ

フェデリコ・フェリーニの『道』に、少し鈍いが心の素直なジェルソミーナという女性が出てきます。彼女は自分が誰の役にも立たない、不必要な人間だと思い込みますが、陽気な綱渡り芸人の青年は、拾った小石を彼女に見せます。「違うよ。この小石だってとても大事だよ。なぜかはわからないけど、きっと大事だよ。お前はもっともっと大事だ」「世の中のすべては何かの役に立っている。それは神様だけがご存知だ」と言ってきかせます。キルケゴールもまた、一枚の葉も一本の草も、そして自分自身も大切な存在であると書いています。この真理を悟る者は幸いである、と。

イエスは弟子たちにこう言っています。「全世界に行って、すべての造られたものに福音を宣べ伝えなさい」(マルコによる福音書16:15)と。「造られたもの」とは人間だけではありません。動物、植物、バクテリア、岩、星、存在するすべての物です。

福音の根本は、「皆が兄弟姉妹である。御父は待っておられる」という便りです。死んでからも待っておられる神は、人間と自然を通してすべてを抱きしめてくださるという便りです。

・善意を信じる

家族と友人の愛はもちろん自信の土台になりますが、輪を広げて町の人と助け合う精神も、自信の基礎になります。

家族と友達のいないところにも善意の人はいます。私たちは毎日のように家族も親友もいない社会に入ります。知らない人と大切にし合って譲り合っていれば、社会がみなにとって居心地のよい場になるでしょう。

電車で席を譲っても、相手から目に見えるかたちでお礼を受け取るようなことは、ほとんどないでしょう。けれども、私がいつか困っているときには、ほかの人から席を譲ってもらえるかもしれません。このような助け合いのネットワークが、家族や友人だけでなく、見ず知らずの人にまで張り巡らされていること、これこそがイエスの目指した神の国です。

・神からの愛を信じる

自分を愛してくれる存在がいないと思えても、神はあなたを愛し、その向上を待っています。

女が自分の乳飲み子を忘れるであろうか。
母親が自分の産んだ子を憐れまないであろうか。

たとえ、女たちが忘れようとも
わたしがあなたを忘れることは決してない。
見よ、わたしはあなたを
　わたしの手のひらに刻みつける。
あなたの城壁は常にわたしの前にある。

（イザヤ書49：15〜16）

神の愛は、自信の最も安定した土台です。
神の存在は、古代からずっと議論されてきました。ブレーズ・パスカルは神の存在について「否定するにはあまりに多くのものと、確信するにはあまりに少ないものとを見て、私はあわれむべき状態にある」（『パンセ』前田陽一・由木康 訳）と言いました。フリードリヒ・ニーチェは、科学の発達により神は死んだと宣言しました。しかし、その宣言には続きがあります。その後は地平線が消され、海が空っぽになり、太陽が離れるような状態になるだろう、と。
信仰とは、神の存在を認めることよりも、神の愛を信じることにその本質があります。

神の存在を信じることよりも、神の愛を信じることのほうが難しいのです。

神は神秘です。決してスーパーマンではありません。でも、そのようなイメージを抱く人は多いでしょう。カール・ラーナーという神学者は「あなたは神を本当に信じますか」と聞かれ、「あなたが想像しているであろう神は、私も信じません。でも神を信じます」と答えました。

聖書に描かれる神は、存在、命、愛という三つの特色のある神秘の源です。また、これらの神秘そのものでもあり、それはすべての物事が存在し始める前から存在します。

神は、人間と一緒におられ、人間の自由を尊重しながら、人間を愛という幸せに導いてくださる神秘です。

クリスチャンの信仰とは、この神の身近な温かさに包まれて、イエスのように、イエスとともに生きることです。

神の助け

それでは、愛であり父である神は、どのようにして苦しんでいる人間を助けてくださるでしょうか。

こんな笑い話があります。大雨によって引き起こされた洪水のなかで、一人の男が家の屋根に立ち、神からの助けを待っていました。近寄ってきた助け舟の人が「乗ってください」と勧めたものの、男は「わしは神を信じる。舟なんて要らない」と断ります。水が彼の胸にまで上がってきたところ、二番目の助け舟が近寄ってきました。しかし彼は「わしは神を信じる」と主張して小舟を追い払いました。水が口にまで上がってきたところで三番目の舟が来ましたが、彼は依然として「助けてくださるのは神だ」と言って乗りませんでした。

水がさらに上がって、男は溺れ死にます。天国に着いた彼が、神に向かって、信じて待っていたのに助けてくれなかったことを訴えると、神は「頑固な子よ、あなたを助けようと思って三つも舟を送ってあげたではないか」と言いました。

つまり、男は神自らが直接救ってくれることを期待していました。しかし愛そのものである神は、人、目に見える自然、隠れている自然、医者、薬、食べ物、家族、友達、知らない人の親切などを助け舟として、愛しておられる人間を助けてくださるわけです。

現実には、助け舟が来ないために助からない命は多くあります。これをどう理解すればいいのでしょうか。

それは神の無関心や差別を表すのではなく、助け舟になることを拒否する人間の無関心やエゴイズムを、表している場合もあり得ます。

人を殺す武器を造るために使われている莫大なお金のわずかな部分が、アフリカで水を見つけるために、あるいは水を清めるためにでも使われたら、大勢の子どもたちの命は救われるでしょう。

しかし人間は、話し合いと譲り合いを拒否して、自分だけの利益を求めるエゴイズムを選びます。勝利の栄光という高慢さを選んで、武器にお金を投じて、若者を助け舟にせずに人殺しの道具として戦地に送り込んでいるのです。

人間の苦しみと神の愛という問題をもう少し考えましょう。

神は、人に苦しみを与えるよりも、人とともに苦しみを受け入れることを選びます。

イエスは、自身と人間には苦しみが必要だと断言しました。しかも、神に苦しみが必要な理由を問うことは一切ありませんでした。ただ御父がそばにいることを願い、苦しみのなかで悩みながら、神をいっそう信じ、深く愛したのです。

言うまでもなく、人間が本当に希望することは、その苦しみを取り除くことです。しかし自然法則と、人間の自由を尊重する神秘的な神は、苦しみや悲しみを取り除く奇跡を頻繁に行うことはしません。

しかも、神は悩んでいる私たちを精神的に慰めてくださるだけではないのです。その悩みが恨みに変わるのではなく、愛に変わるように、心のなかから導いてくださるでしょう。

また、自分が人の助け舟となるように応援してくださることでしょう。

自然がつくり人間が広めた新型コロナウイルスを機に、神は人間の謙虚さを深めるように応援しておられるでしょう。現実にふたをしてきた人間が、小さなウイルスにより、謙虚になるように導いてくださることでしょう。

パンデミックが連帯と協力、エコロジーの意識を深めることを期待しているはずです。

自粛を機に、生きる余裕を持ち、家族とゆっくり話し合い、本を読み、音楽を聴き、自然を味わい、奥底の自己と話し、神と一緒にいることを感じたりするのは、コロナ禍の副産物といえるかもしれません。

喜びとともに生きる自信

出世するための自信もあれば、喜びとともに生きることができる、そのことへの自信も必要です。

両方とも望ましいものですが、出世しても喜んで生きることができなければ、獲得した肩書と財産は、はたしてどのように役立つのでしょうか。

あまり出世できなかったとしても、喜びとともに生きる人のほうが、幸せだとはいえないでしょうか。フィリピンのスラム街を車で通るとき、左右に見える人々はきわめて貧しいけれども、その表情は東京を歩いている人たちより明るく見えることもあります。

親や教育者は、子どもと若者に出世を目指させようとします。それと同時に、本当の喜びを求めさせるようにするのがよいのではないでしょうか。心が望む、心を満たす、心から湧き出る、苦しみでは消えない、お金で買えない喜びを求めるように導けば、厳しいプレッシャーや緊張を感じたりせずに、謙虚な自信を抱いて自分なりに向上しながら、のびのびとした気分で生きることができるのではないでしょうか。

緊張をほぐすゆとりは大事です。ギターの弦に力を入れすぎると、指のスピードと音の質は落ちます。力を抜いて、指を弦の上に軽く置けば、上手に弾くことができるでしょう。

力を抜くことは簡単ではありません。明るい真剣さをたたえ自分らしく生きる人は、余計な力を抜いて、心に余裕のある生活を送ることができるでしょう。評価を意識しすぎて技術に走れば、ギターは冷たい音を鳴らすだけです。

仮面

自信不足の人は、仮面をかぶって自分の弱点を隠したがります。しかし、仮面の下の自分をさらけ出さなければ、仮面を通じたコミュニケーションしかできません。

性格や育てられた環境によって、自分をさらけ出す方法は大きく異なります。けれどもイエスは、「真実はあなた方を自由にする」と言われました。

ただし、仮面は必ずしも悪いとは限りません。

自分の邪悪さを発揮させないようにかぶる仮面は、よい仮面です。人の気持ちを大切にするためにつく小さな嘘も、悪い仮面にならないことがあります。

真実は人を自由にするし、真実は最高の親切です。しかし、言わないほうがいい真実もあります。気の弱い患者に、病気が終末期に入ったことを告げるのは得策ではない場合もあるでしょう。

また、相手がわかっているはずの厳しい事実を口に出さず、建前で相手のメンツを保つことは、日本の文化的風土では悪い仮面にならないでしょう。

悪い仮面とは、自分をよく見せるための偽善です。樹木に絡みつき、樹木から養分を奪い取るツタのようなものです。いつしか樹木は立ち枯れ、樹木の形をしたツタだけが残ります。人の目に依存した生き方は、自分本体の性格や個性を失わせ、仮面だけの空っぽの人生をもたらすのです。

第一四章　心が望む価値観

金と肩書

価値観は向上心の方向性を定めます。

世間の流行や風潮は、お金と出世の価値を高めすぎているように感じます。しかし、幸せに導く向上は、心が望む、心を満たす価値観です。

金と肩書、ここでは仮に「２Ｋ」と呼びましょう。

誰にとっても憧れの対象であり、危ない誘惑にもなります。

２Ｋを求めるのは決して悪いことではありません。学生自身も、親も教職員も、学生が一日も早く２Ｋを手に入れることを望んでいます。

しかし、その学生が２Ｋのおかげで幸せになるかどうか、また大切な人々を幸せにするかどうかは、一概にいえません。

幸せとは何か、そこに立ち戻る必要があります。

オスカー・ワイルドの言葉に、「若いときは、お金こそが人生で最も大切なものだと思っていた。今、歳をとってみて、その通りだとわかった」というものがあります。彼らしいユーモアですが、彼は『幸福な王子』という童話も残しています。

純金で覆われ、剣の柄にはルビーが、目には二つのサファイアが輝く王子の像は、町の人々の誇りでした。ある秋の日、一羽のつばめが王子の足元に降り立ちます。仲間たちは暖かいエジプトに渡ってしまいましたが、つばめは葦に恋したために、出発が六週間も遅れていました。

つばめが一晩を過ごしていると、空には雲ひとつないというのに、水の粒がつばめに落ちてきました。王子は町中の不幸な人を思って涙していたのです。

つばめは王子の願いを聞いて、王子を飾っていた宝石を不幸な人々のために運びます。王子の頼みを聞いているうちに、すでに冬が訪れていました。王子はすべての宝石と金箔を失い、すっかりみすぼらしくなってしまいました。つばめはとうにエジプトに渡ることをあきらめて、サファイアを失い目が見えなくなった王子の代わりに町の人々を見つめました。王子がエジプトに渡るように急かしても、つばめは王子のもとを離れません。

でも、とうとう自分は死ぬのだとわかりました。つばめには、王子の肩までもう一度飛び上がるだけの力しか残っていませんでした。「さようなら、王子さま!」とつばめはつぶやき、「あなたの手にキスさせていただけませんか?」と伝えます。

「きみがやっとエジプトへいくことになってうれしいよ、小さなつばめさん」と、王子は言った。「きみはここに長くいすぎたようだね。でも、きみにはぼくの唇にキスしてほしい。ぼくはきみを愛しているんだから」

「ぼくがいくのはエジプトではありません」と、つばめは言った。「死の家へいくのです。死は眠りの兄弟ではありませんか?」

そしてつばめは幸福な王子の唇にキスして、王子の足もとに落ちて死んだ。

その瞬間、何かが割れたような、ぱちっという奇妙な音が彫像の内部でした。事実は、鉛の心臓がぱちっと真二つに割れたのである。たしかにひどく厳しい寒さだったのである。

(富士川義之 訳)

つばめは私たちを表し、王子は奥底の自己を表しています。誰かのために、私たちは自身の幸福であるエジプト行きをあきらめ、病気の親や不幸な境遇の親友のために、金箔のかけらを届けつづけるのかもしれません。

みすぼらしくなった像は台座から下ろされ、溶鉱炉で溶かされましたが、鉛の心臓だけは溶けず、つばめの亡骸とともにごみ溜めに捨てられました。神さまが天使たちの一人に「町じゅうで一番貴(とうと)いものを二つ持って来なさい」と言うと、天使は、鉛の心臓と鳥の死骸を持ってきた、そんなお話です。つばめの心は幸福で満たされていたのではないでしょうか。

王子やつばめとは対象的な幸福のあり方を考えさせるのが、オーソン・ウェルズが監督・主演した映画『市民ケーン』です。

主人公ケーンは新聞王として名を成し、ニューヨーク市長選でも勝利寸前でしたが、スキャンダルが発覚し失脚、家族や友人を遠ざけるように荒廃した大邸宅「ザナドゥ城」に閉じこもり、今際(いまわ)の際に手にしたスノードームを落としながら「ROSEBUD(バラのつぼみ)」と言い残して、息を引き取ります。

ケーンは下宿屋の両親のもとで暮らしていましたが、宿泊費のかたに取った金鉱の権利書により母親は大金持ちになり、財産と少年ケーンをニューヨークの銀行家に預け、ケーンが二五歳になったら全財産を相続させることに決めます。銀行家が迎えに来た日、少年ケーンは雪のなかでソリ遊びに夢中で、両親から離れてニューヨークに行くことを拒否しますが、最後はあきらめてソリを手放します。そして二五歳になった彼は財産とともに銀行家のもとを離れ、つぶれかけた新聞社を買収し、スキャンダルを煽るような報道を連発して、瞬く間にトップに上りつめ、三七の新聞社と二つのラジオ局を傘下に収めるようになります。

ケーンの死後、彼の人生と「バラのつぼみ」の意味を追っていた新聞記者の目線で物語は展開しますが、ついに最期の言葉の意味はわかりません。あきらめた新聞記者が城を去った後、使用人たちはケーンが金にものを言わせて買い漁(あさ)った遺品を炉(ろ)に次々と投げ入れていきます。そのなかには少年ケーンが手にしていたソリもあり、映画はソリにあしらわれた「ROSEBUD」のロゴが、炎にのみ込まれていくシーンで終わります。

ケーンはあらゆるものを手に入れたかのようでいて、友人も、妻子も、大歌手にしようとした天真爛漫な若い愛人も、すべてを失っています。そして何よりも、雪のなかで手放した少年の日々と両親の愛を、ついに再び手に入れることもできませんでした。なぜ彼が終生にわたってみすぼらしい板切れを手放さなかったのか、臨終のときまでスノードームを握りしめていたのか、誰にも理解できなかったでしょう。

つばめはエジプトを手放し、しかし幸福に包まれて生涯を閉じることができました。ケーンはバラのつぼみを手放しませんでしたが、つぼみを咲かせるような生き方は最後までできずに終わりました。

与えることの幸福

2K（金と肩書）についてもう少し考えてみましょう。

まず、2Kを獲得する手段です。正当な努力の結果で得られるのであれば、称賛されるべきですが、不正や裏切りで得られたそれは、幸福をもたらすものにはなりません。

次に、2Kを何に使うのか、その目的です。持つ者は、持たざる者に惜しみなく分け与えなくてはなりません。自分と自分の家族のためだけに蓄えてはならないのです。

弟子たちに「神と富とに仕えることはできない」と説くイエスを、金に執着するファリサイ派の人々はあざ笑いました。イエスは彼らにこんなたとえ話をします。

ある金持ちがいた。いつも紫の衣（ころも）や柔らかい麻布（あさぬの）を着て、毎日ぜいたくに遊び暮らしていた。この金持ちの門前に、ラザロというできものだらけの貧しい人が横たわり、その食卓から落ちる物で腹を満たしたいものだと思っていた。犬もやって来ては、そのできものをなめた。やがて、この貧しい人は死んで、天使たちによって宴席にいるアブラハムのすぐそばに連れて行かれた。金持ちも死んで葬られた。

（ルカによる福音書16：19〜22）

陰府（よみ）で金持ちが炎のなかでさいなまれていると、はるかかなたの宴席に、アブラハムとラザロがいるのが見えます。金持ちと宴席の間には大きな淵があり、渡ることはできません。

なにも、美しい服を着て美味しいものを食べることそれ自体は、悪ではありません。目の前に飢えている人がいるのを知りながら、一度も食べ物を分け与えなかったことが悪なのです。

それから、イエスはたとえを話された。「ある金持ちの畑が豊作だった。金持ちは、『どうしよう。作物をしまっておく場所がない』と思い巡らしたが、やがて言った。

『こうしよう。倉を壊して、もっと大きいのを建て、そこに穀物や財産をみなしまい、こう自分に言ってやるのだ。「さあ、これから先何年も生きて行くだけの蓄えができたぞ。ひと休みして、食べたり飲んだりして楽しめ」と。』しかし神は、『愚かな者よ、今夜、お前の命は取り上げられる。お前が用意した物は、いったいだれのものになるのか』と言われた。自分のために富を積んでも、神の前に豊かにならない者はこのとおりだ。」

（ルカによる福音書12：16〜21）

倉に入りきらない作物を、なぜ分け与えなかったのか。このような貪欲は2Kを汚します。イエスの死後、分け与える精神は結実します。

信者の中には、一人も貧しい人がいなかった。土地や家を持っている人が皆、それを売っては代金を持ち寄り、使徒たちの足もとに置き、その金は必要に応じて、おのおのに分配されたからである。

（使徒言行録4：34〜35）

三年にわたりイエスの話を聞き、その行いを見ていた使徒たちは、イエスの精神に基づいた初代教会をつくりました。「一人も本当に貧しい人がいない教会」が出来上がったのです。

次に考えたいのは、2Kを手にするために支払う代償です。何を失ってもいいのか、何を失ってはいけないのか、という問題です。

たとえば健康、家族、心を失ってもよいのか。これらを失わず、2Kを得ることもできる。しかしエゴイズムと高慢に支配された人間は、2Kを優先するあまりこれらをケーンのように手放しがちです。もしくは、愛する家族のために2Kを求めすぎ、家族や愛を忘れてしまうのでしょう。旧約聖書の「コヘレトの言葉」には、「なんという空しさ／なんという空しさ、すべては空しい」「わたしは太陽の下(もと)に起こることをすべて見極めたが、見よ、どれもみな空しく、風を追うようなことであった」というエルサレムの王、コヘレトの言葉がありますが（コヘレトの言葉1：2、同1：14）、つまりはバラのつぼみを捨ててしまった人生そのものです。

もう一つ考えたいのは、どこまで2Kに頼るのかという問題です。

エゴイズムと高慢に染まりきった人ほど、この二つで人間の価値を見定めがちです。しかしこの価値基準は公平ではありません。

聖書には「やもめの献金」として知られる挿話があります。献金箱の向かいに座って、イエスは大勢の金持ちが多額の献金をするのを見ておられました。そこに、一人の貧しいやもめ（未亡人）が来て、レプトン銅貨二枚を入れました。レプトンはギリシャ通貨でも最小の銅貨でしたが、これは彼女の生活費のすべてでした。

イエスは、弟子たちを呼び寄せて言われた。「はっきり言っておく。この貧しいやもめは、賽銭箱に入れている人の中で、だれよりもたくさん入れた。皆は有り余る中から入れたが、この人は、乏しい中から自分の持っている物をすべて、生活費を全部入れたからである。」

（マルコによる福音書12：43〜44）

与える量よりも、与える心のほうが大事です。また、自分がいくら与えたかと量るだけではなく、自分にはいくら残っているかと量るべきです。これは、人に仕えるために自分の使った時間にも当てはまります。

この貧しいやもめの寛大さ、そしてイエスの価値観は、この言葉を連想させます。

空の鳥をよく見なさい。種も蒔かず、刈り入れもせず、倉に納めもしない。だが、あなたがたの天の父は鳥を養ってくださる。あなたがたは、鳥よりも価値あるものではないか。

（マタイによる福音書6：26）

鳥は、どこでも餌を見つける自分の力とやる気を信じて飛び出します。人間も、失われやすいお金と肩書を信じるよりも、自分の実力と努力を信じればよいのです。

鳥はまた、仲間を信じて飛びます。仲間に頼るわけではありません。自分で餌を探しますが、仲間がいるから心強いのです。人間も、家族、よい友達、社会の善意の人々を信じて生きればよい。

神は決して、鳥のくちばしに優しく餌を入れて養ってくださるわけではありません。鳥自身が朝から晩まで、あちこちを飛び回って餌を探し、子どもたちと自分自身を養っています。命である神は、鳥と人間の命と実力と元気を通して、仲間と自然を通して、人間と動物と植物を養ってくださるわけです。

正当な手段と代償、利己的でない目的、そして依存しないこと。この四つを満たした価値観で向上を目指せば、心が望む愛を得られます。

結び

死後という神秘

愛、最後の航海の荷物。人生、愛を荷造りする期間。始まるものは終わり、生きるものは死にます。死は生き方を照らすのです。自分の小舟は、いつの日か戻らない船出をします。海に出た小舟は死という霧に入って、港から見えなくなるでしょう。そのとき港に残っている人々は、帰ってこない愛しい小舟を見送りながら悲しみに打ちひしがれます。戻ってきてと叫んでも、小舟は帰ってきません。

人のかけがえのなさを、不在は強く教えてくれます。

霧のなかには、何があるのでしょうか。その人にまた会えると信じてもよいのでしょうか。

神を信じる人は、死後の永遠の命を信じます。しかし、その神秘的な命のありように関しては、さまざまな説があります。神秘であればこそ、議論が尽きることはありません。

イエス・キリストは、死んだ人が神になるのではなく、愛である神と一緒に生きるのだと教えました。宴会という比喩を使って、永遠の命を描いています。神と人間と自然と愛し合って、永遠の宴を仲良く生き続けるのです。

イエスが死んだ後、二人の弟子はエルサレムから離れて、エマオという村へ向かって歩いていました。復活されたイエスは何気なく一緒に歩き始めましたが、彼らの目はさえぎられて、イエスに気がつきません。イエスの墓にその亡骸がなかったこと、輝いた衣を着た二人の人が「なぜ、生きておられる方を死者の中に捜すのか。あの方は、ここにはおられない。復活なさったのだ。まだガリラヤにおられたころ、お話しになったことを思い出しなさい。人の子は必ず、罪人の手に渡され、十字架につけられ、三日目に復活することになっている、と言われたではないか」（ルカによる福音書24：5～7）と語ったことなどを話し合っていました。イエスは「歩きながら、やり取りしているその話は何のことですか」（ルカによる福音書24：17）と言いますが、二人はその人がイエスであるといまだ気がつかず、イエスの処刑の様子を語ります。

そこで、イエスは言われた。「ああ、物分かりが悪く、心が鈍く預言者たちの言ったことすべてを信じられない者たち、メシアはこういう苦しみを受けて、栄光に入るはずだったのではないか。」そして、モーセとすべての預言者から始めて、聖書全体にわたり、御自分について書かれていることを説明された。

（ルカによる福音書24：25〜27）

一行は目指す村に近づきますが、イエスはなおも先へ行こうとし、イエスだと気づかない二人が「一緒にお泊まりください。そろそろ夕方になりますし、もう日も傾いていますから」と言うので、イエスも家に入ります。食事の席で、イエスはパンを取り、賛美の祈りを唱え、パンを裂いてお渡しになります。すると、二人の目が開き、イエスだとわかったものの、その姿は見えなくなりました。

二人は、「道で話しておられるとき、また聖書を説明してくださったとき、わたしたちの心は燃えていたではないか」と語り合った。そして、時を移さず出発して、エルサレムに戻ってみると、十一人とその仲間が集まって、本当に主は復活して、シモンに現れたと言っていた。二人も、道で起こったことや、パンを裂いてくださったときにイエスだと分かった次第を話した。

（ルカによる福音書24：32〜35）

スイスの画家、ロベルト・ズンドの『エマオの途上』にも、この場面が鮮明に描かれています。

ほかの挿話もあります。マグダラのマリアは、亡骸の消えたイエスの墓の外で泣いていました。

イエスの遺体の置いてあった所に、白い衣を着た二人の天使が見えた。一人は頭の方に、もう一人は足の方に座っていた。天使たちが、「婦人よ、なぜ泣いているのか」と言うと、マリアは言った。「わたしの主が取り去られました。どこに置かれているのか、わたしには分かりません。」こう言いながら後ろを振り向くと、イエスの立っておられるのが見えた。しかし、それがイエスだとは分からなかった。イエスは言われた。「婦人よ、なぜ泣いているのか。だれを捜しているのか。」マリアは、園丁だと思って言った。「あなたがあの方を運び去ったのでしたら、どこに置いたのか教えてください。わたしが、あの方を引き取ります。」イエスが、「マリア」と言われると、彼女は振り向いて、ヘブライ語で、「ラボニ」と言った。「先生」という意味である。イエスは言われた。「わたしにすがりつくのはよしなさい。まだ父のもとへ上っていないのだから。わたしの兄弟たちのところへ行って、こう言いなさい。『わたしの父であり、あなたがたの父である方、また、わたしの神であり、あなたがたの神である方のところへわたしは上る』と。」マグダラのマリアは弟子たちのところへ行って、「わたしは主を見ました」と告げ、また、主から言われたことを伝えた。

（ヨハネによる福音書20：12〜18）

マリアはイエスを純粋に愛していましたが、やはり現れたその人をイエスだとは思いませんでした。しかし、心の目が開かれたとき、その方がまさしくイエスであることがわかったのです。

人間は復活を経験することも、証明することも、想像をすることもできません。自分の死後は神にゆだねて、生きているうちは元気に、張りきって生きることを求めればいいのです。

人生を評価する基準

「永遠の港」があるとしたら、すべての小舟はそこに入ることができるのでしょうか。イエスは「次の世に入って死者の中から復活するのにふさわしいとされた人々」（ルカによる福音書20：35）と言っています。

そのふさわしさの基準は、イエスは「最後の審判」を使徒たちに語る際に明らかにしています。

そこで、王は右側にいる人たちに言う。『さあ、わたしの父に祝福された人たち、天地創造の時からお前たちのために用意されている国を受け継ぎなさい。お前たちは、わたしが飢えていたときに食べさせ、のどが渇いていたときに飲ませ、旅をしていたときに宿を貸し、裸のときに着せ、病気のときに見舞い、牢にいたときに訪ねてくれたからだ。』すると、正しい人たちが王に答える。『主よ、いつわたしたちは、飢えておられるのを見て食べ物を差し上げ、のどが渇いておられるのを見て飲み物を差し上げたでしょうか。いつ、旅をしておられるのを見てお宿を貸し、裸でおられるのを見てお着せしたでしょうか。いつ、病気をなさったり、牢におられたりするのを見て、お訪ねしたでしょうか。』そこで、王は答える。『はっきり言っておく。わたしの兄弟であるこの最も小さい者の一人にしたのは、わたしにしてくれたことなのである。』

それから、王は左側にいる人たちにも言う。『呪われた者ども、わたしから離れ去り、悪魔とその手下のために用意してある永遠の火に入れ。お前たちは、わたしが飢えていたときに食べさせず、のどが渇いたときに飲ませず、旅をしていたときに宿を貸さず、裸のときに着せず、病気のとき、牢にいたときに、訪ねてくれなかったからだ。』すると、彼らも答える。『主よ、いつわたししたちは、あなたが飢えたり、渇いたり、旅をしたり、裸であったり、病気であったり、牢におられたりするのを見て、お世話をしなかったでしょうか。』そこで、王は答える。『はっきり言っておく。この最も小さい者の一人にしなかったのは、わたしにしてくれなかったことなのである。』こうして、この者どもは永遠の罰を受け、正しい人たちは永遠の命にあずかるのである。」

（マタイによる福音書25：34〜46）

人を大切にして、自分のお金、食べ物、時間、友情、物事を分かち合うか否かは、人生を評価する基準となります。人を大切にするというアガペーの愛は、すべての基準なのです。永遠の命に入るための試験は、この一問だけなのです。

驚くべきことに、この問題は誰もが事前に知ることができ、解答も知っています。準備する時間もあります。

人生が残す航跡

死んで残るのは、愛です。愛の行いです。人生の船出が残す航跡は、愛の行いです。厳密にいえば、愛の行いそのものではなく、行いが人に感じさせた喜びが残ります。純粋な愛が求めるのは、自分が人を助けることよりも、人が助かることなのです。

愛の行動は、人間にも動物にも植物にも深い喜びを感じさせます。愛の行いの中心は、喜びを感じさせる人よりも、喜びを感じる相手なのです。

黒澤明監督の『生きる』の主人公は、市役所の課長として、戦後の貧しい子どもたちのために小さな公園を造りました。雪の降る夜、完成した公園に一人ブランコで揺れながら、生きていてよかったと感じつつ静かに息を引き取ります。愛を込めてあらゆる困難に打ち勝ち、公園を造ったことよりも、また、死ぬ前に生きるとは何かがわかったことよりも、あるいはやっと生きがいを感じたことよりも、その公園で楽しく遊ぶ子どもたちの笑い声を「よかった」と感じたに違いありません。

人生は小舟での航海のようなものです。小舟ははかない航跡を海に残します。もしも、死という霧が舟出の終点だとしたら、小舟が残した喜びという航跡は、次第に消えるでしょう。しかし、それでもいい。命の短い桜の花も美しいのです。

もしも、私たちを「わたしのもとに迎える」(ヨハネによる福音書14:3)神が存在するとしたら、小舟の残す透明な航跡は、神の手のひらに刻み付けられて残るでしょう。たとえ母親が自分の生んだ子どもを忘れることがあったとしても、「わたしがあなたを忘れることは決してない。見よ、わたしはあなたをわたしの手のひらに刻みつける」(イザヤ書49:15~16)。

いずれにせよ、死ぬときには、命に感謝しながら息を引き取ればよい。生きている間は、命に感謝しながら喜んで生きればよい。

あとがき

こんな笑い話があります。

雲のなかでエンジンが故障した飛行機のパイロットが、パラシュートで野原に降ります。どこにいるのかまったくわからないので、たまたま散歩していた初老の男性に聞きました。「恐れ入りますが、ここは一体どこですか」。相手が「ここは東経一三九度、北緯三五度です」と答えると、パイロットは「ありがとうございます、神父様」と礼を言いました。

「どういたしまして。しかし、制服を着ていない私がどうして神父だとわかったのですか」と聞かれたパイロットは答えました。「それは、お言葉が非常に正しくてきわめて正確ですが、何の役にも立たないからです」。

この笑い話は、真実のある面を鋭くとらえています。正しさを説くことで、死地にある命を救うことはできない。愛を説く言葉は、愛を信じる余裕を失った人の心には、届かないのかもしれない。

コロナ禍は、まさに愛や正義の無力さを教える出来事だったと、考える人も少なくないのでしょう。しかし、私はそうは考えません。善きサマリア人のように、あるいは『ペスト』のタルーのように、自らを危地に追いやってまで誰かを助けようとした無数の人々がいたからこそ、私たちは、いつかかつての暮らしを取り戻せるという希望を、手放さずにいられるのです。

未知の感染症に慄く日々こそが、何ものにも打ち克つ愛の力を明らかにしました。

この書物がほんの少しでも、誰かの役に立ちましたら幸いです。

私の拙い日本語を直してくださった江藤由利さんと久良良さん、そしてフリーライターの柳瀬徹さんに、深く感謝いたします。

二〇二二年九月

ハビエル・ガラルダ

主要参考文献

『聖書―新共同訳』共同訳聖書実行委員会 訳、日本聖書協会、一九八七、一九八八年
エーリッヒ・フロム『愛するということ』鈴木晶 訳、紀伊國屋書店、二〇二〇年
聖アウグスティヌス『告白』上・下巻、服部英次郎 訳、岩波文庫、一九七六年
アントニオ・マチャード『アントニオ・マチャード詩集―カスティーリャの原野、その他の詩』石田安弘 訳、国文社、二〇一二年
ドストエフスキー『カラマーゾフの兄弟2』亀山郁夫 訳、光文社古典新訳文庫、二〇〇六年
アントニー・デ・メロ『小鳥の歌』谷口正子 訳、女子パウロ会、一九八五年
ミヒャエル・エンデ『モモ』大島かおり 訳、岩波少年文庫、二〇〇五年
ボフミル・フラバル『厳重に監視された列車』飯島周 訳、松籟社、二〇一二年
エミール・デュルケーム『自殺論』宮島喬 訳、中公文庫、二〇一八年
アルベール・カミュ『カミュ全集〈5〉戒厳令・正義の人びと』大久保輝臣・白井健三郎 他訳、新潮社、一九七三年
フランツ・カフカ『変身』高橋義孝 訳、新潮文庫、一九五二年
カリール・ジブラン『預言者』佐久間彪 訳、至光社、一九八八年
アルベール・カミュ『ペスト』中条省平 訳、光文社古典新訳文庫、二〇二一年
アルベール・カミュ『転落・追放と王国』大久保敏彦・窪田啓作 訳、新潮文庫、二〇〇三年
大木英夫『終末論的考察』中央公論社、一九七〇年
サン＝テグジュペリ『星の王子様』河野万里子 訳、新潮文庫、二〇〇六年
アーネスト・ヘミングウェイ『老人と海』高見浩 訳、新潮文庫、二〇二〇年
ヴィクトール・E・フランクル『夜と霧』新版、池田香代子 訳、みすず書房、二〇〇二年

アルベール・カミュ『シーシュポスの神話』清水徹 訳、新潮文庫、一九六九年
ブレーズ・パスカル『パンセ』前田陽一・由木康 訳、中公文庫、一九七三年
オスカー・ワイルド『童話集 幸福な王子 他八篇』富士川義之 訳、岩波文庫、二〇二〇年

（『聖書』以外は、本文に初出の順に掲載）

ハビエル・ガラルダ

聖イグナチオ教会司祭。上智大学名誉教授。一九三一年、スペイン・マドリード生まれ。五六年、イエズス会コンプルート大学大学院哲学研究科修了。五八年、来日。六四年、上智大学大学院神学研究科修了。上智大学文学部教授などを歴任。刑務所の教誨師も務める。『自己愛とエゴイズム』『自己愛と献身』『アガペーの愛・エロスの愛』（以上、講談社現代新書）、『「いい人」がきっと幸せになれる7つの法則』（PHP研究所）などの著書がある。

愛を見つめて 高め合い、乗り越える

二〇二二年一〇月一二日 第一刷発行

インターナショナル新書一一〇

著者 ハビエル・ガラルダ
発行者 岩瀬 朗
発行所 株式会社 集英社インターナショナル
〒一〇一－〇〇六四 東京都千代田区神田猿楽町一－五－一八
電話 〇三－五二一一－二六三〇
発売所 株式会社 集英社
〒一〇一－八〇五〇 東京都千代田区一ツ橋二－五－一〇
電話 〇三－三二三〇－六〇八〇（読者係）
〇三－三二三〇－六三九三（販売部）書店専用
装幀 アルビレオ
印刷所 大日本印刷株式会社
製本所 加藤製本株式会社

 ISBN978-4-7976-8110-9 C0210

インターナショナル新書

067

物理学者のすごい思考法

橋本幸士

超ひも理論、素粒子論という物理学の最先端を研究する学者は、日常生活でも独特の視点でものを考える。通勤の最適ルート、ギョーザの適切な作り方、エスカレーターの乗り方……。物理学の本質に迫るエッセイ集。

068

「腸内細菌」が健康寿命を決める

辨野義己

腸内細菌の研究にはウンチの入手と分析が欠かせない。約半世紀にわたってウンチと格闘し続けてきた著者の爆笑研究秘話とともに、腸内細菌と健康の関係や最新の研究結果が理解できるオモシロウンチエッセイ!

069

「現代優生学」の脅威

池田清彦

戦後、一度は封印されたはずの「優生学」が奇妙な新しさをまとい、いま再浮上している。その広がりに大きく寄与しているのが、科学の進歩や新型コロナウイルスである。優生学の現代的な脅威を論じる。

070

ウンチ化石学入門

泉賢太郎

太古の生物の足跡やウンチなどの化石を研究すれば生物と地球の歴史、宇宙の未来が見えてくる。ウンと深く、蘊蓄と含蓄に富むチ的なストーリーが潜んでいるのだ。ティラノサウルスのウンチ化石もチ的に解釈する。

インターナショナル新書

071
病と妖怪
―予言獣アマビエの正体
東郷 隆

病除けの妖怪「アマビエ」や幸せを呼ぶ瑞獣など幻の生物たちを紹介。流行病や災害の際に日本人は妖怪たちとどのような関係を結んで来たのか、江戸から明治の瓦版などに描かれた絵とともに考える。

072
ランボーはなぜ詩を棄てたのか
奥本大三郎

一九世紀フランスの天才詩人アルチュール・ランボー。二〇歳で詩作を棄てるまでの半生を、著者による詩の新訳とともに追う。そして難解な散文詩「イリュミナシオン」から「詩を棄てた理由」を読み解く、意欲作。

073
あなたの隣の精神疾患
春日武彦

身近な精神疾患の数々と、その対応法が理解できる入門書！　双極性障害や統合失調症から、承認欲求や共依存などまでを、興味深いエピソードを交えて解説する。周囲と自分の生きやすさに繋がる一冊。

074
ルポ 日本のＤＸ最前線
酒井真弓

日本再生の鍵と言われる〝ＤＸ（デジタルトランスフォーメーション）〟。その実態とは？　官民の枠を超えて「ＤＸの最前線」に立っている人々を取材。その足跡から「真のデジタル化」への道筋を探る。

インターナショナル新書

075
ゴミ清掃芸人の働き方解釈
滝沢秀一
田中茂朗

今、必要なのは改革よりも解釈だ！　お笑い芸人とゴミ清掃人というダブルワークを実践する著者がたどり着いたのは数々の「働き方解釈」だった。それは働くことについて悩み考える、すべての人へのヒントとなる。

076
明治の説得王・末松謙澄
言葉で日露戦争を勝利に導いた男
山口謠司

文章で日本を創り、日本を守った男、末松謙澄。大日本帝国憲法を起草し、渡欧して黄禍論に立ち向かうなど世界を舞台に活躍し、日本を近代化に導いた知られざる明治の大知識人の足跡を辿る。

077
アルキメデスの驚異の発想法
数学と軍事
上垣 渉

数学や物理学の理論を「軍事兵器」に活かす実現力と、天秤などのような機械学の知識を「数学」の理論へ活かす応用力を併せ持ったアルキメデス。その生涯を追いながら、豊かな発想力の根源に迫る。

078
カミュ伝
中条省平

コロナ禍において再び大きな話題を呼んだ『ペスト』の作者アルベール・カミュ。彼の波瀾に満ちた生涯と思想・哲学、『異邦人』などの代表作を徹底的に論じる。フランスを代表するノーベル賞作家の決定版評伝。

インターナショナル新書

079
あなたを救う培養幹細胞治療
辻 晋作

次世代成長戦略のひとつとして実用化が促進され、身近な治療となりつつある再生医療。なかでも注目されているのが培養幹細胞治療だ。そのトップランナーが語る、再生医療の最前線と今後の展望。

080
DX時代に考えるシン・インターネット
村井 純
竹中直純

新創設、デジタル庁がやるべきことは？「日本のインターネットの父」と「天才プログラマー」が、この国のデジタルの過去と未来、その「かたち」について語り尽くす。インターネットの未来はどっちだ!?

081
しごと放浪記
自分の仕事を見つけたい人のために
森まゆみ

編集者、地域雑誌『谷根千』発行人、書き手として今に至るフリーランスの日々。仕事の一本道、脇道、遠回りの道。思いがけない妊娠、出産、育児を抱え女の人生は割り切れない。切り開いてきた「しごと放浪」の道を自伝的に語る。

082
プロが語る胸アツ「神」漫画
1970-2020
きたがわ翔

「あの漫画のルーツはどこにあるのか」「萩尾望都『半神』が神作品の理由」「『鬼滅の刃』大ヒットの秘密」……。「日本一漫画に詳しい漫画家」が、漫画界に革命を起こした作家たちの作品とその表現方法を解説！

インターナショナル新書

083

新書版 性差(ジェンダー)の日本史

国立歴史民俗博物館監修「性差の日本史」展示プロジェクト編

日本のジェンダー1800年の旅へ――。日本で「男」と「女」という区分はいつ生まれたのか？　社会の中でジェンダーがどのような意味を持ち、どう変化してきたのか？　豊富な資料を通してこれらの問いについて考える。

084

それでも映画は「格差」を描く
「最前線の映画」を読む Vol.3

町山智浩

なぜ貧困や格差を描く映画には「雨」が付き物なのだろうか？『ジョーカー』『パラサイト 半地下の家族』『万引き家族』『天気の子』など、今、世界中の映画作家たちがこぞって「格差」を採り上げる理由とは？

085

松本隆のことばの力

藤田久美子

作詞家、松本隆に五〇年のキャリアのすべてをインタビュー。多くのアーティストに提供した歌詞の背景から浮かび上がるのは「ことば」のおもしろさと可能性。そこにこめられた思い、時代の風も未来に伝える。

086

公共貨幣入門

山口　薫
山口陽恵

主流派経済学やMMTの誤りを指摘し、現在の「債務貨幣」にかわる新たな貨幣システム「公共貨幣」を提唱。「公共貨幣」を取り戻せば「ゼロ成長」から脱却でき、新しい未来が開けることを論証する。

インターナショナル新書

インターナショナル新書

インターナショナル新書

095 おいしい味の表現術

瀬戸賢一 編
味ことば研究ラボラトリー

もうSNSや食レポに困らない！ すぐに役立つ味の表現を豊富な例を挙げて伝授します。またコク・キレや、生チョコの「生」を徹底分析。擬音語やレトリックも動員して、面白くて深い日本語の世界に誘います。

096 江戸藩邸へようこそ 三河吉田藩「江戸日記」

久住祐一郎

三河吉田藩（現・愛知県豊橋市）で綴られた古文書類から、江戸藩邸の役割、脱藩・殺人・窃盗など藩邸内で起きた事件や面白いエピソード、女性たちが暮らす「奥向」など、知られざる藩邸の内側を紹介する。

097 失われたTOKIOを求めて

高橋源一郎

渋谷、新宿、御茶ノ水。新トキワ荘にジブリ美術館。そして明治神宮、皇居の森へ……。コロナ禍の二年間、作家は歩きながら記憶をたどり、考え続けた。若き頃のほろ苦い思い出と共に綴る、「極私的」東京探訪記。

098 ウルトラ音楽術

冬木透
青山通

作曲家・冬木透はいかにして音楽の道へ進み、ついには『ウルトラセブン』の楽曲を生み出したのか？ 作曲・録音・選曲といった制作工程や、各監督との思い出など、ファン垂涎のエピソードが満載！

インターナショナル新書

099
言葉の周圏分布考
松本 修

「アホ・バカ」「マン・チン」に続く第三弾！ 五十数枚のカラー方言分布図で、懐かしい言葉に楽しく再会。また、『源氏物語』の「戻る」の謎を解く壮大な知の旅へ。日本語の「周圏分布」についても、深く論じます。

100
リベラルアーツ
「遊び」を極めて賢者になる
浦久俊彦

リベラルアーツの本質は「人生を遊びつづけるためのわざ」。その極意を江戸の暮らしなどから学び、具体的に仕事や教育にどう活かすか、古今東西の名著を引きながら論じる。画期的なリベラルアーツ本。

101
わたしの心のレンズ
現場の記憶を紡ぐ
大石芳野

ベトナム、カンボジア、アウシュヴィッツ、そして広島、長崎、沖縄……。戦争の悲劇に襲われた地で撮影、取材を続け、各地の生活を見て来た著者の思い。今、共生と共存を考えるためのヒントがここにある。

102
戦国ラン
手柄は足にあり
黒澤はゆま

戦国時代を生きた人々は、とにかく歩き、そして走った。戦いの道を歴史小説家が実際に走り、武将たちの苦難を追体験。現場を足で辿ることで、文献史料を読むだけでは分からない、武将と合戦の実像が見えてくる⁉︎

インターナショナル新書

インターナショナル新書

107
独学の教室
読書猿、佐藤 優 ほか全14名

なぜ、我々は独学したいのか？ 独学の意義と方法から、英語、ビジネス、美術、読書、ノート術、漫画、数学、物理学、はては冒険まで、多彩な執筆陣が寄稿。独りで学ぶことの魅力・意味を探る。

108
悪魔の英語術
黒田莉々

謙譲や尊敬の心を重んずる日本人の「おりこうさん」精神が英語習得を妨げている!? 日本の会社員ヤマトとアメリカ人のＬｉｌｙの会話から、ネイティブのマインドを学びましょう。

109
プーチン戦争の論理
下斗米伸夫

「特別軍事作戦」という名の「プーチンの戦争」が、世界を震撼させている。なぜロシアは、ウクライナへ侵攻したのか？ ロシア研究の第一人者が、新たな「文明の衝突」を解説。入門書にして決定版の一冊。

111
たくましい数学
九九さえ出来れば大丈夫！
吉田 武

野心的な数学独学書。xやaなどの文字や公式を用いることなく、数字そのものと１７０点を超える図表によって高校数学を概観。九九から始めて大学入試問題に至るまで、テーマ間の関連と類似を基に話を進める。